Eine Arbeitsgemeinschaft der Verlage

Böhlau Verlag · Wien · Köln · Weimar
Verlag Barbara Budrich · Opladen · Toronto
facultas.wuv · Wien
Wilhelm Fink · Paderborn
A. Francke Verlag · Tübingen
Haupt Verlag · Bern
Verlag Julius Klinkhardt · Bad Heilbrunn
Mohr Siebeck · Tübingen
Nomos Verlagsgesellschaft · Baden-Baden
Ernst Reinhardt Verlag · München · Basel
Ferdinand Schöningh · Paderborn
Eugen Ulmer Verlag · Stuttgart
UVK Verlagsgesellschaft · Konstanz, mit UVK / Lucius · München
Vandenhoeck & Ruprecht · Göttingen · Bristol
vdf Hochschulverlag AG an der ETH Zürich

Stefan Kühtz

Wissenschaftlich formulieren

Tipps und Textbausteine für Studium und Schule

2., überarbeitete Auflage

Ferdinand Schöningh

Der Autor:
Dr. phil. Stefan Kühtz, Studium der Germanistik, Biologie und Erziehungswissenschaften an der Universität des Saarlandes, Saarbrücken, Promotion in Neuerer Deutscher Sprachwissenschaft; Lehraufträge an den Universitäten Saarbrücken und Koblenz-Landau, u.a. im Bereich wissenschaftliche Arbeitstechniken; seit 2008 Lehrer für Deutsch, Biologie und Darstellendes Spiel an einem Gymnasium in Rheinland-Pfalz.

Online-Angebote oder elektronische Ausgaben sind erhältlich unter **www.utb-shop.de**

Bibliografische Information der Deutschen Nationalbibliothek.

Die Deutsche Nationalbibliothek verzeichnet diese Publikation in der Deutschen Nationalbibliografie; detailliertere bibliografische Daten sind im Internet über http: //dnb.d-nb.de abrufbar.

© 2011 Ferdinand Schöningh, Paderborn
2., überarbeitete Auflage 2012
(Verlag Ferdinand Schöningh & Co. KG, Jühenplatz 1–3, 33098 Paderborn)

Internet: www.schoeningh.de

Das Werk einschließlich aller seiner Teile ist urheberrechtlich geschützt. Jede Verwertung ausserhalb der engen Grenzen des Urheberrechtsgesetzes ist ohne Zustimmung des Verlages unzulässig und strafbar. Das gilt insbesondere für Vervielfältigungen, Übersetzungen, Mikroverfilmungen und die Einspeicherung und Verarbeitung in elektronischen Systemen.

Printed in Germany
Atelier Reichert, Stuttgart
Herstellung: Ferdinand Schöningh GmbH, Paderborn

UTB-Band-Nr: 3417
ISBN 978-3-8252-3817-9

Inhaltsverzeichnis

Über diesen Ratgeber 9

1. Grundlegendes zum wissenschaftlichen Formulieren 13

1.1 *Morphem und Iodid* – Zur Verwendung von Fachwörtern 16

1.2 Vorsicht Falle! – Typische Fehler bei der Wortwahl 17

    1.2.1 Zum Umgang mit Fremdwörtern 17

    1.2.2 Wörter, die es so nicht gibt 19

    1.2.3 *Doppel-Verzweifachung* – Unnötige Sinnwiederholungen 20

    1.2.4 *Schüler- und kundenorientiert* – Leere Worthülsen 21

1.3 *Ungefähr etwas größer* – Keine ungenauen Angaben! 22

1.4 *Ein grandioses Werk* – Vermeiden Sie subjektive Aussagen 23

1.5 *Verfasserinnen und Verfasser* – Eine Frage des Geschlechts 25

    1.5.1 Muss man immer beide Geschlechter nennen? 25

    1.5.2 Mann oder Frau? 26

1.6 *Ich, wir, man* – Darf man „ich" schreiben? 27

1.7 *Ist oder war* – Welche Zeitform? 30

1.8 *Der steinige Pfad der Wissenschaft* – Metaphorische Formulierungen. 31

1.9 *Atome wollen nur das Eine* – Anthropomorphismen 35

1.10 *Die Fußnote regt an...* – Subjektschübe 37

1.11 Zahlen und Symbole 38

    1.11.1 Zahlen 38

    1.11.2 Symbole. 39

6   Inhaltsverzeichnis

1.12	Satzbau	40
	1.12.1 Keine Wuchersätze!	40
	1.12.2 Präpositionalanschlüsse	48
	1.12.3 *Der, die, das* – Die Pronomen-Falle	50
	1.12.4 Phantom-Pronomen	53
	1.12.5 *Der Mann der Tochter der Cousine* – Genitive	54
	1.12.6 Mehrteilige Verben und Verbalkonstruktionen	55
	1.12.7 *Nicht enden wollend* – Partizipialgruppen ...	56
	1.12.8 Nutzen Sie die Wortstellung geschickt aus ...	57
1.13	Keine inhaltsleeren Sätze und Floskeln	58
1.14	Zitate und Zitieren	58
1.15	Titel und Überschriften	66

2.   Formulierungsmuster für wissenschaftliche Erkenntnisprozesse 71

2.1	**Einleiten:** *Worum geht es in der Arbeit überhaupt?*	75
2.2	**Ziele festlegen:** *Was soll mit der Arbeit erreicht werden?*	76
2.3	**Schwerpunkte setzen:** *Welcher Aspekt ist besonders wichtig?*	77
2.4	**Definieren:** *Wie wird ein bestimmter Begriff verwendet?*	79
2.5	**Forschungsstand und -entwicklung referieren:** *Wie kann man den Verlauf der Forschung beschreiben?*	80
2.6	**Problematisieren I: Forschungslücken aufzeigen:** *Was muss noch (genauer) erforscht werden?*	82
2.7	**Problematisieren II: Fokussieren / Überleiten:** *Wie kann man zu einer neuen Fragestellung überleiten?*	83
2.8	**Bezüge herstellen / Zitate einleiten:** *Wie kann man auf andere Autoren / Arbeiten verweisen?*	85
2.9	**Vergleichen:** *Wie kann man Gemeinsamkeiten / Unterschiede zwischen Arbeiten / Sachverhalten deutlich machen?*	87

2.10	**Stellung nehmen:** *Wie kann man seine eigene Position darlegen?*	89
2.11	**Erörtern:** *Wie kann man zu Gegenpositionen überleiten?*	90
2.12	**Gewichten:** *Wie kann man wichtige und unwichtige Aspekte als solche kennzeichnen?*	91
2.13	**Beziehungen kennzeichnen:** *Wie kann man ausdrücken, in welcher Beziehung Sachverhalte zueinander stehen?*	94
2.14	**Begründen:** *Wie gibt man Gründe / Ursachen für etwas an?*	96
2.15	**Erläutern:** *Wie leitet man genauere Erläuterungen ein?*	98
2.16	**Exemplifizieren:** *Wie kann man Beispiele anführen?*	99
2.17	**Wieder aufgreifen:** *Wie knüpft man an bereits Gesagtes an?*	100
2.18	**Ergebnisse darstellen:** *Wie stellt man die gewonnenen Erkenntnisse dar?*	101
2.19	**Lösungen aufzeigen:** *Wie stellt man Lösungsmöglichkeiten oder Alternativen dar?*	103
2.20	**Resümieren:** *Wie leitet man ein (Zwischen-)Fazit ein?*	103

Literaturverzeichnis 105

Register 109

Über diesen Ratgeber

„Kann man das so schreiben?" – Diese Überlegung begleitet fast jedes wissenschaftliche Schreibprojekt. Dabei bezieht sich die Frage in der Regel weniger auf die fachlichen Inhalte, sondern vielmehr auf deren „Verpackung", also die sprachliche und stilistische Gestaltung der Texte. Nur allzu oft ist die Textproduktion mit der Unsicherheit behaftet, ob die gewählten Formulierungen den Anforderungen und Erwartungen entsprechen, die an einen „wissenschaftlichen" Text gestellt werden. Dieser Ratgeber soll Ihnen helfen, diese stilistischen Unsicherheiten zu überwinden und bei der Abfassung Ihrer wissenschaftlichen Texte zügig geeignete Formulierungen zu finden. Die Darstellungen beziehen sich dabei nicht auf ein bestimmtes Fach oder die Terminologien einzelner Fächer, sondern auf Grammatik und Formulierungsweisen, die prägend sind für eine allgemeine, d.h. fachunabhängige Wissenschaftssprache.

Die Befähigung zum wissenschaftlichen Schreiben ist unerlässliche Voraussetzung für die Teilnahme an wissenschaftlichen Arbeits- und Kommunikationsprozessen. Aus diesem Grund hat die Schreibdidaktik in der gymnasialen Oberstufe und an Hochschulen in den letzten Jahren einen deutlichen Ausbau erfahren. Zudem bietet ein inzwischen breites Angebot an Ratgeberliteratur Hilfestellung bei der Planung sowie der technischen und formalen Umsetzung von Schreibaufgaben. Auffällig ist jedoch, dass der zentrale Bereich des konkreten Formulierens sowohl in Lehrveranstaltungen als auch in der Literatur nicht oder nur sehr flüchtig behandelt wird und Schreiberinnen und Schreiber gerade bei ersten Kontakten mit der Wissenschaftspraxis häufig auf sich alleine gestellt sind. Das Problem verschärft sich bei Schülerinnen, Schülern und Studierenden, die Deutsch als Fremdsprache erlernt haben und somit unter Umständen geringere Vorkenntnisse über die deutsche Wissenschaftssprache besitzen. Um in diesem spezifischen Problemfeld der akademischen Schreibausbildung Abhilfe zu schaffen, wurde dieser Ratgeber konzipiert:

10   Über diesen Ratgeber

Im ersten Teil des Ratgebers finden Sie grundlegende Hinweise zum wissenschaftlichen Formulieren und Ratschläge zur Vermeidung häufiger Formulierungsfehler.

Der zweite Teil bietet eine Sammlung von Formulierungsmustern, mit denen typischerweise wissenschaftliche Erkenntnisprozesse versprachlicht werden. Diese Formulierungsmuster sind verfestigte Verbindungen aus grammatischen Strukturen und Wörtern, die wiederkehrend verwendet werden, um bestimmte sprachliche Handlungen auszuführen (vgl. Kühtz 2007, 235). Die sprachlichen Handlungen beziehen sich in diesem Fall auf die Darstellung der jeweiligen Phasen im wissenschaftlichen Erkenntnisprozess Ihrer Arbeit, also z.B. das Festlegen von Zielsetzungen, das Definieren von Begriffen, das Verweisen auf andere Literatur etc.

Die Formulierungsmuster repräsentieren jene sprachlichen Einheiten, die der Sprachwissenschaftler Konrad Ehlich als „alltägliche Wissenschaftssprache" (1995, 340) und „Metasprache für die institutionelle Wissenschaftspraxis" (ebd., 345) bezeichnet. Das Erlernen dieser Metasprache muss dabei als wichtiger Bestandteil der wissenschaftlichen Ausbildung aufgefasst werden, denn

> „die Mitgliedschaft, die zur wissenschaftlichen Kommunikation befähigt und ermächtigt, ergibt sich gerade auch über die passive und aktive Beherrschung dieser Facetten von Wissenschaftssprache, die auf den ersten Blick als allgemeinsprachliche erscheinen, es in Wahrheit aber nicht sind." (ebd., 340).

Die Forderung, diese typischen, wiederkehrenden Formulierungen in eine Didaktik der deutschen Wissenschaftssprache einzubeziehen (vgl. ebd.), ist gerade angesichts der veränderten Ausbildungsbedingungen an Schulen und Hochschulen (G8, Reform der Studiengänge etc.) aktueller denn je. Vor diesem Hintergrund kann der vorliegende Ratgeber vielleicht auch einen Beitrag zur Weiterentwicklung der wissenschaftlichen Schreibdidaktik leisten.

Dieser konzeptionelle Ansatz mag dazu beigetragen haben, dass „Wissenschaftlich formulieren" bei Lehrenden und Lernenden der unterschiedlichsten Fachrichtungen mit großem Interesse aufgenommen wurde und nun bereits in zweiter Auflage erscheint. Für diese neue Auflage wurde der Text an manchen Stellen leicht verändert und erweitert. Zudem konnten einige missverständliche Darstellungen und Fehler der ersten Auflage korrigiert werden. Für die kritische Durchsicht des Textes und viele wichtige Hinweise gilt Brigitte Nenzel mein besonderer Dank.

Einige Hinweise zur Benutzung:

– Der Ratgeber ist so konzipiert, dass die beiden Teile – so weit dies möglich ist – eine innere Ordnung aufweisen: im ersten Teil von der Wortebene zur Textebene, im zweiten Teil einem möglichen Erkenntnisweg und Textaufbau folgend. Das bedeutet jedoch nicht, dass der Ratgeber in dieser Reihenfolge gelesen werden muss. Er kann und soll in erster Linie als **Nachschlagewerk** dienen.
– Bitte bedenken Sie, dass alternative Formulierungsvorschläge oder stilistische Hinweise **nicht als starres Regelwerk** zu verstehen sind. Andere Lösungen sind immer denkbar und vielleicht ebenso gut oder besser.
– Im zweiten Teil werden Formulierungsalternativen durch einen Schrägstrich („/") angezeigt. Die Gedankenstriche („–") trennen dann die jeweiligen Sinneinheiten innerhalb einer Formulierung ab, bei denen Alternativen gewählt werden können.
– Bei der Auswahl der Beispiele war es mir wichtig, so oft wie möglich auf authentische Textbelege zurückzugreifen. Allerdings erwies sich die Suche nach passenden Zitaten als sehr zeitaufwändig. Um das Erscheinen des Ratgebers nicht weiter zu verzögern, habe ich zum Teil eigene Beispielformulierungen erstellt, die nicht in Anführungszeichen gesetzt sind. Die Hervorhebungen in den Zitaten wurden von mir vorgenommen.

Der Ratgeber hat sein Ziel erreicht, wenn er sich selbst überflüssig gemacht hat. Mit jedem Schreibprojekt, das Sie realisieren, werden Sie mehr Sicherheit beim wissenschaftlichen Formulieren erwerben und nach und nach werden Sie Ihren eigenen wissenschaftlichen Stil entwickeln. In der Hoffnung, dass dieser Ratgeber Ihnen auf diesem Weg ein hilfreicher Begleiter ist, wünsche ich Ihnen für Ihre Projekte gutes Gelingen und – ja – auch viel Spaß!

Höhr-Grenzhausen, im März 2012   Dr. Stefan Kühtz

1. Grundlegendes zum wissenschaftlichen Formulieren

Wissenschaftliche Texte haben die Funktion, den Leser[1] über fachbezogene Sachverhalte zu informieren. Dabei kann man als Verfasser eines solchen Textes davon ausgehen, dass der Leser über Vorkenntnisse auf dem betreffenden Fachgebiet verfügt. Anders als beispielsweise in Schulbüchern geht es also nicht um die erklärende Vermittlung von Grundlagenwissen, sondern um die Darstellung von spezielleren Inhalten eines Fachgebiets. Es muss also ein höheres fachliches Niveau angestrebt werden, als es in jenen Texten üblich ist, die für Leser ohne Vorkenntnisse geschrieben werden.

Ein höheres fachliches Niveau äußert sich vor allem darin, dass grundlegende Fachbegriffe und fachliche Zusammenhänge als bekannt vorausgesetzt werden können.

Keinesfalls aber bedeutet ein höheres fachwissenschaftliches Niveau, dass nun auch kompliziert und schwer verständlich formuliert werden darf. Das Gegenteil ist der Fall: Wissenschaftliche Formulierungen sollen vor allem eine klare und unmissverständliche Darstellung der fachlichen Inhalte gewährleisten. Die Formulierungen müssen deshalb folgende Anforderungen erfüllen:

– Sachbezogenheit und Objektivität
– Präzision, Eindeutigkeit und Korrektheit
– Kürze und Prägnanz

Die Begriffe werden im Folgenden genauer erläutert:

Sachbezogenheit und Objektivität
Wissenschaftliche Darstellungen behandeln bestimmte Themen oder Sachverhalte, die sich aus der Auseinandersetzung mit fachspezifischen oder fächerübergreifenden Fragestellungen ergeben.

---

1 Um die Lesbarkeit nicht zu beeinträchtigen, beschränke ich mich hier und im folgenden Text auf die männliche Form. Es sind aber immer auch Leserinnen, Lehrerinnen, Dozentinnen usw. gemeint.

14   1. Grundlegendes zum wissenschaftlichen Formulieren

Die jeweils behandelte Fragestellung wird durch Titel und Kapitelüberschriften angezeigt und in einführenden Textabschnitten präzisiert, wobei nur solche Aspekte einbezogen werden, die für das jeweilige Thema einer Arbeit bzw. eines Kapitels relevant und aufschlussreich sind (Sachbezogenheit). Fehl am Platz ist folglich alles, was nicht „zur Sache" gehört.

Eine Grundregel des wissenschaftlichen Arbeitens besagt, dass alle gewonnenen Erkenntnisse von anderen **jederzeit nachprüfbar** sein müssen (Objektivität). Der Leser muss erkennen können, warum und auf welchem Weg der Verfasser zu einer bestimmten Erkenntnis gelangt ist. Somit ist alles zu vermeiden, was nicht nachgeprüft werden kann, wie z.B. unbelegbare Vermutungen oder subjektive Bewertungen (Genaueres dazu in den Kapiteln 1.3 und 1.4).

Mit **Präzision, Eindeutigkeit** und **Korrektheit** ist gemeint, dass bei der Formulierung von wissenschaftlichen Texten größtmögliche Genauigkeit sowie sachliche und sprachliche Richtigkeit anzustreben sind. Dies bezieht sich auf unterschiedliche Bereiche:

– **Fachbegriffe** sind in wissenschaftlichen Texten unerlässlich, weil fachliche Gegenstände und Sachverhalte nur mit Fachbegriffen präzise und korrekt bezeichnet werden können. Die Fachbezeichnungen, die für Ihre Arbeit zentral sind, müssen definiert werden. Für den Leser muss deutlich werden, wie Sie bestimmte Begriffe verstehen und in welcher Bedeutung Sie diese Begriffe in Ihrer Arbeit verwenden (Genaueres dazu in den Kapiteln 1.1 und 2.4 sowie bei Bünting et al. 2002, 99ff.).
– Ihre **Formulierungen** sollten so gewählt sein, dass die Textinhalte exakt dargestellt sind, und von Lesern schnell erfasst werden können – und zwar so, wie Sie es gemeint haben. Grundvoraussetzungen dafür sind eine präzise Wortwahl, eine grammatikalisch und formal fehlerfreie Textgestaltung sowie der Verzicht auf Formulierungen, die unklar oder missverständlich sind (das sind vor allem ironische, mehrdeutige und ungenaue Formulierungen).

1. Grundlegendes zum wissenschaftlichen Formulieren   15

- **Wörtliche oder sinngemäße Übernahmen** aus anderen Texten müssen formal als solche kenntlich gemacht und inhaltlich korrekt wiedergegeben sein.
- Alle **Quellenangaben** müssen richtig und vollständig sein.

Der Aspekt der Präzision bedarf einer zusätzlichen Erläuterung: Nicht alles in einem wissenschaftlichen Text kann und muss mit größtmöglicher Präzision abgehandelt werden. Dies würde sonst zu umständlicher Ausführlichkeit und zu Abschweifungen in Nebenthemen führen, die den Text unnötig überfrachten. Zudem könnte das eigentliche Thema leicht aus dem Blickfeld geraten; ein Text wird dann schnell unübersichtlich und schwer lesbar (das wäre dann das redensartliche „vom-Hölzchen-aufs-Stöckchen-Kommen").

Der Präzisionsanspruch bezieht sich deshalb in erster Linie auf das **Hauptthema** – den „thematischen Kern" oder „roten Faden" Ihrer Arbeit. Welche Textanteile zum Hauptthema gehören, ergibt sich aus der Themenformulierung, der Konzeption und der Zielsetzung Ihrer Arbeit.

In thematischen Neben- und Randbereichen werden Präzision und Ausführlichkeit zugunsten der Übersichtlichkeit abgestuft, soweit sich dies nicht nachteilig auf eine präzise Darstellung des Hauptthemas auswirkt.

Kürze und Prägnanz
Wissenschaftliche Texte sind ein Medium zur Weitergabe von Informationen in der Arbeitswelt. Die Schreibaufgaben in Schule und Studium haben unter anderem den Sinn, Sie auf diese Arbeitswelt vorzubereiten.

Die Zeit, die Sie zum Schreiben aufwenden und die ein fachkundiger Leser berufsbedingt für die Lektüre eines wissenschaftlichen Textes aufwenden muss, ist also **Arbeitszeit**. Demnach hat das Formulieren wissenschaftlicher Texte auch eine ökonomische Dimension: Werden Sachverhalte kurz und prägnant dargestellt, ermöglicht dies eine effizientere Nutzung von Arbeitszeiten. Wissenschaftliche Texte sollen fachkundigen Lesern neben einer **schnellen Textrezeption** auch eine **leichte Erfassung der Inhalte** ermöglichen. Begünstigt wird beides durch

1. Grundlegendes zum wissenschaftlichen Formulieren

- treffende Wörter,
- pointierte Formulierungen,
- einen übersichtlichen Satzbau,
- einen geordneten Textaufbau sowie
- eine logische Gedankenführung.

Zu vermeiden ist alles, was den Lesefluss behindert (wie z.B. hohe Fremdwortdichte, bedeutungsunscharfe Wörter, lange Schachtelsätze...) und einen Text unnötig aufbläht (wie unwichtige Inhalte, Selbstverständlichkeiten, unnötige Wiederholungen, unnötige Weitschweifigkeit... Genaueres dazu in den Kapiteln 1.2.1, 1.2.3, 1.12).

Aber: Kürze und Prägnanz bedeuten nicht: „so wenig Text wie möglich"!

Manchmal kann es für die Verständlichkeit und Präzision eines Textes wichtig sein, auf eine größtmögliche Verdichtung zu verzichten und etwas ausführlicher zu formulieren (s. Kapitel 1.12).
  Wissenschaftlich formulieren heißt also immer auch, Kürze und Verständlichkeit in ein sinnvolles Verhältnis zueinander zu bringen, nach dem Motto:

 So ausführlich wie nötig, so kompakt und prägnant wie möglich!

1.1 *Morphem und Iodid* – Zur Verwendung von Fachwörtern

Auf Wortebene ist die **Verwendung von Fachwörtern** (Fachtermini) das wichtigste Mittel zur Präzisionssicherung. Ein wissenschaftlicher Text kommt nicht ohne ein Minimum an Fachterminologie aus. Deshalb empfiehlt es sich, bereits die Vorbereitung eines wissenschaftlichen Schreibprojektes (das „Einlesen" in ein Thema) zum systematischen Erwerb bzw. zur Erweiterung von terminologischem Wissen zu nutzen.

Zu Ihrer Beruhigung: Da man dieses Fachvokabular gemeinsam mit dem zugehörigen Sachwissen über einen längeren Zeitraum (oft Jahre) aufbaut, wird bei einer Facharbeit in der Oberstufe oder der ersten Hausarbeit im Studium nicht erwartet, dass Sie das terminologische Niveau einer Doktorarbeit erreichen.

Dass man die **genaue Bedeutung** von Fachwörtern (und Fremdwörtern) kennen muss, bevor man sie sachgerecht verwenden kann, versteht sich von selbst.

> **Achtung:** Viele Fachbegriffe sind trügerisch, weil sie auch im Alltag verwendet werden, aber im fachlichen Zusammenhang eine andere, oft spezifischere Bedeutung haben als im Alltagsverständnis, wie z.B. *Ballade, dramatisch, Lauge, Phrase, romantisch, schizophren, traumatisch…*
>
> **Bei Unsicherheiten sollten Sie Begriffe in Fachwörterbüchern nachschlagen.**

Dieser Rat gilt nicht für Wortbedeutungen, sondern auch für die Wortwahl oder Unsicherheiten bei der Schreibweise. Gerade bei ähnlich lautenden Wörtern ist besondere Sorgfalt angezeigt, um Verwechslungen zu vermeiden (z.B. *Sulfit – Sulfid*).

1.2 Vorsicht Falle! – Typische Fehler bei der Wortwahl

1.2.1 Zum Umgang mit Fremdwörtern

Es besteht keine Indikation für eine gesteigerte Infiltration des Manuskripts mit Lexemen nicht-nativer Provenienz. – Zu deutsch: **Stopfen Sie Ihren Text nicht unnötig mit Fremdwörtern voll!**

Für viele Verfasser von Fachtexten gilt eine hohe Fremdwortdichte als typisches Merkmal des wissenschaftlichen Stils. Sie reichern ihre Texte künstlich mit Fremdwörtern an, um den Eindruck besonderer Gelehrtheit oder Modernität (besonders durch Anglizismen) zu erwecken. Diese Fremdwörter beeinträchtigen aber häu-

18   1. Grundlegendes zum wissenschaftlichen Formulieren

fig die Lesbarkeit und Verständlichkeit von Texten. Im Gegensatz zu den wissenschaftlich notwendigen Fachwörtern lassen sich Fremdwörter oftmals durch leichter verständliche deutsche Wörter mit gleicher Bedeutung ersetzen (z.B. *ostensiv* durch *offensichtlich*). Abgesehen davon sind Fremdwörter häufige Fehlerquellen…

Fremdwörter, die häufig verwechselt oder falsch verwendet werden:

effektiv in gewünschter Weise wirksam sein, einen hohen Ertrag erzielend
effizient wirtschaftlich, mit sparsamen Mitteln einen hohen Ertrag erzielend

eminent besonders, außerordentlich, herausragend
immanent in etwas enthalten
imminent drohend, absehbar (v.a. in der Medizin)

ethisch auf die Sittenlehre (=Ethik) bezogen
ethnisch auf eine Bevölkerungsgruppe (=Ethnie) bezogen

existent vorhanden, real existierend
existenzial auf das Dasein (=Existenz) bezogen
existenzialistisch auf die Philosophie des Existenzialismus bezogen
existenziell (über-)lebenswichtig, für das Leben unverzichtbar

formal auf die äußere Form bezogen
formell förmlich, den Konventionen folgend

fundamental grundlegend, grundsätzlich
fundamentalistisch auf das kompromisslose Vertreten einer Religion oder Ideologie (=Fundamentalismus) bezogen

integrieren in etwas eingliedern
intrigieren Machenschaften (Intrigen) gegen jemanden anzetteln

mystisch geheimnisvoll
mythisch auf eine Sage (=Mythos) bezogen
mythologisch auf die Lehre von Mythen (=Mythologie) bezogen

politisch auf die Politik bezogen
politologisch auf die Politikwissenschaft (=Politologie) bezogen

populär beliebt, allgemein bekannt
populistisch (v.a. in der Politik) auf eine schnelle Zustimmung in weiten Bevölkerungsteilen zielend

psychisch auf die Seele (=Psyche) bezogen
psychologisch auf die Wissenschaft der Psyche (=Psychologie) bezogen
psychiatrisch auf die medizinische Fachrichtung der Seelenheilkunde (=Psychiatrie) bezogen

rational auf die Vernunft (=Ratio) bezogen, vernünftig
rationell wirtschaftlich effizient

real wirklich, tatsächlich
reell anständig, angemessen

Rezension wertende Besprechung eines Kunstereignisses, z.B. Filmkritik
Rezession Rückgang der Wirtschaftsleistung eines Landes

romanisch auf den Kunststil der Romanik bezogen
romantisch auf die Epoche der Romantik bezogen

sozial auf die Gesellschaft bezogen, gemeinnützig
sozialistisch auf die Gesellschaftsform des Sozialismus bezogen
soziologisch auf die Gesellschaftslehre (=Soziologie) bezogen

Zäsur Einschnitt, Unterbrechung
Zensur Überprüfung und ggf. Verbot einer Veröffentlichung

1.2.2 Wörter, die es so nicht gibt

Im Folgenden finden Sie eine Sammlung von Wörtern, die zwar immer wieder zu hören und zu lesen sind, die es aber in der deutschen Standardsprache **so nicht gibt**. Die Verwendung dieser Wörter ist eine häufige Fehlerquelle in Hausarbeiten.

20   1. Grundlegendes zum wissenschaftlichen Formulieren

- *akzeptierbar*   es heißt *akzeptabel*[2]
- *allzuoft*   wird *allzu oft* falsch geschrieben – bei *allzu* immer Getrenntschreibung
- auf *jedenfall*   möglich sind nur *jedenfalls* oder *auf jeden Fall*
- das *einzigste*   *einzig* ist nicht steigerbar!
- *desöfteren*   man schreibt: *des Öfteren*
- *desweiteren*   man schreibt: *des Weiteren*
- *garnicht*   dieses Wort gibt es *gar nicht!*
- *immernoch*   auch das ist *immer noch* ein beliebter Rechtschreibfehler
- *mutivieren*   hat nichts mit *Mut* zu tun, sondern mit *Motiv* also: *motivieren*
- *Standart*   entweder *Standard* (=Norm) oder *Standarte* (=Fähnchen)
- *vorallem*   *vor allem* auseinander!
- *wohlmöglich*   es ist hier *wohl möglich,* dass *womöglich* gemeint ist
- *zumindestens*   es gibt *mindestens, zumindest* oder *zum Mindesten*

1.2.3 *Doppel-Verzweifachung* – Unnötige Sinnwiederholungen

Neue Innovationen in der Halbleitertechnik – Irgendetwas stimmt bei dieser Überschrift nicht… Genau, das Adjektiv. Wörtlich aus dem Lateinischen übersetzt heißt *Innovation* nämlich „Erneuerung". Die Bedeutung neu (lateinisch *novus*) ist also schon enthalten. Bei *neue Innovationen* liegt demnach eine ebenso unnötige Sinnwiederholung vor wie bei der berühmten *toten Leiche.* Weitere beliebte, aber unnötige Doppelungen:[3]

- *ABM-Maßnahme* (das *M* steht bereits für *Maßnahme,* also richtig: *AB-Maßnahme*)
- *Einzelindividuum*
- *herausselektieren*
- *HIV-Virus* (das *V* steht bereits für *Virus,* also richtig: *HI-Virus*)
- *nachrecherchieren*

---

[2]   Beispiel aus Kornmeier (2003, 208)
[3]   Beispiele z.T. nach Kornmeier (2003, 174ff.)

- *neue Innovation*
- *neu renovieren*
- *Testversuch*
- *vorausantizipieren*
- *Zukunftsprognose*

1.2.4 Schüler- und kundenorientiert – Leere Worthülsen

Ist es nicht schön, dass Lehrer neuerdings *schülerorientierten* Unterricht machen? Und ist es nicht beruhigend, dass ein Dienstleistungsunternehmen jetzt *kundenorientiert* arbeitet und Politiker *zukunftsorientierte* Entscheidungen treffen? Man fragt sich nur: Wohin oder woran haben sich Lehrer, Dienstleister und Politiker früher orientiert? Oder waren sie alle orientierungslos?

Voluminöse Wortschöpfungen, die auf *-orientiert* enden, liegen derzeit voll im Trend. Sie verströmen eine Aura von Wichtigkeit und Ordnung. In Wahrheit sagen sie diese Wörter meist nicht viel aus: Hinterfragt man ihre Bedeutung, so entpuppen sie sich allzu oft als aufgeblähte Worthülsen, denn was genau heißt eigentlich *zukunftsorientiert*? Und ist nicht jede Entscheidung zwangsläufig *zukunftsorientiert*?

Bitte gehen Sie kritisch mit vermeintlich wissenschaftlich klingenden Modewörtern wie den folgenden um:
- *bedarfsorientiert*
- *ertragsorientiert*
- *faktenorientiert*
- *kundenorientiert*
- *produktorientiert*
- *schülerorientiert*
- *sicherheitsorientiert*
- *wertorientiert*
- *zukunftsorientiert*

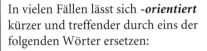

Tipp:

In vielen Fällen lässt sich *-orientiert* kürzer und treffender durch eins der folgenden Wörter ersetzen:

-bezogen, -gerichtet,
-gestützt, -basiert

Prüfen Sie bei der Verwendung solcher Wörter stets genau, ob sie auch wirklich einen informativen Mehrwert für Ihren Text mit sich bringen oder ob sie nur als klangvolle Füllwörter dienen.

22   1. Grundlegendes zum wissenschaftlichen Formulieren

Eine *faktengestützte* wissenschaftliche Arbeit ist schließlich überzeugender als eine, die nur *faktenorientiert* ist…

1.3 *Ungefähr etwas größer* – Keine ungenauen Angaben!

Ungenauigkeiten entstehen besonders häufig durch die Verwendung von Ausdrücken der Unschärfe, wie z.B.:

☹ *etwa, ungefähr, mehr oder weniger, irgendwie, im Großen und Ganzen, vielleicht, unter Umständen, eventuell, manchmal, gelegentlich, gewissermaßen, in gewisser Weise, relativ…*

Ausdrücke dieser Art sollten in wissenschaftlichen Texten grundsätzlich vermieden werden.

Ausnahmen sind nur *unter* bestimmten *Umständen* möglich: Wenn Sie z.B. eine Wendung wie *unter Umständen* verwenden, dann müssen Sie im Kontext auch die genauen Umstände benennen, unter denen das Gesagte gilt. Mit anderen Worten: Unscharfe Ausdrücke wie die oben genannten Beispiele dürfen nur dann eingesetzt werden, wenn durch den begleitenden Text die Präzision hinreichend gesichert ist und nun auf allgemeinerer Ebene auf das zuvor Dargestellte Bezug genommen wird. Wichtig ist dabei jedoch, dass für den Leser immer nachvollziehbar bleibt, wie diese verallgemeinernde Angabe im jeweiligen Text zu verstehen ist. Gleiches gilt für qualitative Grad- und Mengenangaben wie *viel, wenig, erheblich, enorm, gering, mäßig…* Auch diese sollten nur dann verwendet werden, wenn die genaue statistische Angabe bereits an anderer Stelle angeführt ist (z.B. in Form einer Tabelle) und die Bezugsgröße für die Bewertung (*viel* in Relation zu was?) aus dem Textzusammenhang eindeutig hervorgeht.

Wörter wie *vielleicht* oder *eventuell* deuten auf Spekulationen des Verfassers hin. In bestimmten Phasen von wissenschaftlichen Erkenntnisprozessen – zum Beispiel einer Hypothesenbildung – können solche spekulativen Formulierungen durchaus angemessen sein. Sie sind also dann (und nur dann!) gerechtfertigt, wenn der dargestellte Gedankengang auch tatsächlich als unsicher und spekulativ gekennzeichnet werden soll und darf (andernfalls könnten sie leicht als unzureichendes Sachwissen des Verfassers gedeutet werden).

> **Allgemein gilt: Wo immer exakte Angaben möglich sind, sollten diese auch gemacht werden!**

☹ *Im zweiten Versuchsansatz wurde eine etwas niedrigere Temperatur gemessen als im ersten.*

☺ *Im zweiten Versuchsansatz lag die gemessene Temperatur um 0,9°C niedriger als im ersten.*

☹ *Schon bei der Reichstagswahl 1930 haben viele die NSDAP gewählt.*

☺ *Schon bei der Reichstagswahl 1930 entfielen 18,3% der Stimmen auf die NSDAP.*

1.4 *Ein grandioses Werk* – Vermeiden Sie subjektive Aussagen

Ein wichtiges Kriterium des wissenschaftlichen Arbeitens ist die **Nachprüfbarkeit** von Aussagen. Damit ist gemeint, dass es anderen Wissenschaftlern (also den Lesern Ihrer Arbeit) möglich sein muss, das Zustandekommen einer wissenschaftlichen Erkenntnis nachzuvollziehen und den zugrunde liegenden Denkweg auf seine fachliche Tragfähigkeit hin zu überprüfen.

Daraus ergibt sich im Umkehrschluss, dass wissenschaftliche Formulierungen keine subjektiven Aussagen enthalten dürfen, die für den Leser nicht nachprüfbar sind. Zu den subjektiven Aussagen gehören alle Wertungen, Empfindungen, Einschätzungen, Assoziationen etc., die für Sie persönlich zutreffen, die aber so nicht unbedingt von anderen geteilt werden.

☹ *In diesem beeindruckenden Kapitel thematisiert der Autor das bedauernswerte Scheitern seiner dritten Ehe.*

Dass der Verfasser dieses Satzes das betreffende Kapitel für beeindruckend und das Scheitern der Ehe für bedauernswert hält, ist zwar sehr

24   1. Grundlegendes zum wissenschaftlichen Formulieren

sympathisch, aber leider als wissenschaftliche Formulierung ungeeignet. Man beschränke sich auf (nachprüfbare) Sachinformationen:

☺ *In diesem Kapitel thematisiert der Autor das Scheitern seiner
dritten Ehe.*

☹ *Das Glück der Ehe war ihr nicht beschieden.*

Hier wird die Ehe mit einer positiven Wertvorstellung („Glück")
versehen. Da aber nicht jede Ehe ein Glücksfall ist, sollte man
vorsichtshalber etwas weniger romantisch formulieren, z.B.:

☺ *Sie blieb zeitlebens unverheiratet.*

Indirekt können Wertungen auch durch die **Wortwahl** vorgenommen werden. Bestimmte Ausdrücke beschönigen, verschlei-
ern oder verharmlosen Sachverhalte (z.B. *Freisetzung* für *Entlassung*), andere hingegen lassen eine Abwertung oder Vorurteile
durchscheinen (z.B. *Vehikel* für *Fahrzeug*).

Als Verfasser einer wissenschaftlichen Arbeit sollten Sie sich zu
Sachlichkeit und Neutralität verpflichten. Wählen Sie für Ihre
Formulierungen also Wörter, die **wertneutral** und **frei von Kon-
notationen** (Nebenbedeutungen) sind – zumindest soweit das
möglich ist. Wenn Sie bei der stilistischen Einschätzung von Wörtern unsicher sind, kann ein Blick ins Wörterbuch helfen: Hinter
den Worteinträgen finden Sie manchmal stilistische Kommentie-
rungen wie *abwertend, gehoben, scherzhaft, jugendsprachlich, umgangssprachlich…* Wörter mit diesen Kennzeichnungen eignen
sich für wissenschaftliche Formulierungen in der Regel nicht.

Die Vermeidung subjektiver Aussagen ist allerdings **nicht im
Sinne einer generellen Vermeidung von Bewertungen** zu verstehen. So ist es ein wichtiger Bestandteil des wissenschaftlichen
Arbeitens, dass man zu Positionen anderer Autoren wertend Stellung nimmt. Dabei ist jedoch entscheidend, dass diese Wertungen
nicht intuitiv oder spekulativ erfolgen, sondern dass auf der
Grundlage fachlicher Erkenntnisse sachbezogen argumentiert
und begründet wird, damit das Zustandekommen einer Bewertung (d.h. Ihr Denkweg) für den Leser nachvollziehbar ist (zur
Formulierung von bewertenden Stellungnahmen, s. Kap. 2.10).

1.5 *Verfasserinnen und Verfasser* – Eine Frage des Geschlechts

Eigentlich ist es im Deutschen ganz einfach: Für weibliche Personen verwendet man grammatische Formen des Femininums (*sie, ihre...*) und für männliche Personen die maskulinen Formen (*er, sein...*). Möchte man anzeigen, dass eine Person, die einer bestimmten Personengruppe angehört, weiblich ist, so fügt man die Endsilbe *-in* an: *Wissenschaftlerin, Autorin, Leserin, Bewerberin...*

So weit, so gut. Trotzdem führt die Geschlechtergerechtigkeit beim wissenschaftlichen Schreiben immer wieder zu Problemen oder Fehlern:

1.5.1 Muss man immer beide Geschlechter nennen?

Sind Vertreter beider Geschlechter gemeint, dann sollten sie auch beide genannt werden.

In früheren Zeiten wurde in solchen Fällen vereinfachend die männliche Form gewählt, und zwar auch dann, wenn dieser Gruppe Frauen angehörten: *die Autoren, die Lehrer, die Forscher, die Kandidaten* etc. Dieses generische Maskulinum schloss auch weibliche Personen mit ein. Gleichwohl sahen Sprachkritiker (und mehr noch Sprachkritikerinnen) darin eine Benachteiligung von Frauen, weil diese sprachlich „unsichtbar" blieben und bestenfalls mitgemeint, aber eben nicht explizit mitgenannt waren.

Heute wird eine sprachliche Gleichstellung der Geschlechter im öffentlichen Sprachgebrauch durch die so genannten Doppelformen erreicht: *Autorinnen und Autoren, Lehrerinnen und Lehrer* usw.

Wenn Sie solche Doppelformen in Ihrer Arbeit verwenden, verfahren Sie politisch korrekt. Allerdings kann es die Lesbarkeit Ihrer Arbeit deutlich beeinträchtigen:

Studien verschiedener Erziehungswissenschaftlerinnen und Erziehungswissenschaftler weisen eindeutig nach, dass der Lernerfolg der Schülerinnen und Schüler dann besonders hoch ist, wenn Lehrerinnen und Lehrer die Unterrichtszeit effektiv nutzen.

Es gibt Möglichkeiten der Vereinfachung. Sie sollten dabei jedoch immer prüfen, ob bestimmte Verfahren in Ihrem Fach üblich sind oder nicht:

26   1. Grundlegendes zum wissenschaftlichen Formulieren

– Am Anfang einer Arbeit (z.B. im Vorwort oder an der Stelle des ersten Auftretens) geben viele Autorinnen und Autoren an, dass sie das generische Maskulinum aus Gründen der Einfachheit verwenden, sich dabei aber ausdrücklich auf beide Geschlechter beziehen. Das ist zwar formal gesehen ein fragwürdiger Behelf, aber man signalisiert damit zumindest ein gewisses Problembewusstsein.
– Kommen bestimmte Doppelformen in einer Arbeit besonders häufig vor, so ist zu erwägen, ob man nicht eine Kurzform einführt. In manchen pädagogischen Arbeiten findet man beispielsweise die Kurzform *SuS'* für *Schüler und Schülerinnen*. Solche Kurzformen müssen jedoch bei der ersten Verwendung explizit eingeführt werden, z.B. mit einer Anmerkung in Klammern oder als Fußnote: …*Schüler und Schülerinnen (im Folgenden mit SuS' abgekürzt)*…
– In letzter Zeit werden geschlechtsneutrale Formen zunehmend verwendet: *Studierende, Teilnehmende, Lehrende*… In vielen Fällen sind solche Bildungen jedoch nicht möglich (und ihre sprachliche Eleganz ist ohnehin fragwürdig).

Andere Schreibungen wie das Binnen-I (*LeserInnen*) oder nachgestellte weibliche Endungen (*Leser(-in); Leser/-innen*) sind in wissenschaftlichen Texten **nicht üblich**.

1.5.2 Mann oder Frau?

In der Literatur wird üblicherweise nur mit Nachnamen auf andere Wissenschaftler verwiesen und nicht selten ist im Literaturverzeichnis der Vorname nur mit dem Anfangsbuchstaben angegeben. Wenn Sie die zitierte Person nicht kennen, wissen Sie folglich nicht, ob es sich um eine weibliche oder eine männliche Person handelt. Das hat Folgen für Ihre Formulierungen:

Müller weist in ihrer (seiner?) Einleitung darauf hin, dass …
Sie (Er?) führt weiter aus…

Das gleiche Problem kann entstehen, wenn der Vorname zwar angegeben ist, aber nicht zweifelsfrei einem bestimmten Geschlecht zugeordnet werden kann, z.B. bei ausländischen Namen. Wie lässt sich das Problem beheben?

Auf gar keinen Fall sollten Sie sich jetzt willkürlich oder intuitiv für ein Geschlecht entscheiden, nach dem Motto: *„Ich tippe mal auf männlich, der Text klingt so maskulin."*

Sollten Sie falsch getippt haben, wird der Betreuer Ihrer Arbeit annehmen, dass Sie sich nur sehr oberflächlich in das wissenschaftliche Umfeld Ihres Themas eingearbeitet haben. Das wirkt sich meist nicht günstig auf die Bewertung einer Arbeit aus.

Sie haben aber mindestens drei Möglichkeiten, das Problem zu lösen:

Tipps:

a) Recherchieren Sie im Internet: Meist finden Sie genauere Angaben zu den gesuchten Personen, zumindest aber eine vollständige Angabe des Vornamens.
b) Führt dies nicht zum Erfolg, fragen Sie nach, z.B. bei Kommilitonen oder bei dem Betreuer Ihrer Arbeit. Das ist keineswegs ehrenrührig, vielmehr signalisieren Sie dadurch, dass Sie sorgfältig arbeiten und Fehler vermeiden möchten.
c) Sie können natürlich auch so formulieren, dass sich das Problem nicht stellt (*Einleitend weist Müller darauf hin… In den weiteren Ausführungen wird dargelegt…*). Auf Dauer kann dieses geschlechtsneutrale Formulieren aber sehr anstrengend werden; auch stilistisch wird Ihre Arbeit darunter leiden.

1.6 *Ich, wir, man* – Darf man „ich" schreiben?

Ja, aber nicht zu oft und nicht überall.

Ein erzählender oder berichtender Stil in der ersten Person ist unbedingt zu vermeiden (☹ *Ich habe in dem Buch von Müller gele-*

28   1. Grundlegendes zum wissenschaftlichen Formulieren

sen, dass…). Für wissenschaftliche Texte gilt, dass der behandelte fachliche Sachverhalt im Vordergrund der Darstellung stehen soll (☺ *Müller weist darauf hin, dass...*). Der Verfasser eines wissenschaftlichen Textes hingegen sollte sprachlich so weit wie möglich „unsichtbar" bleiben. Das heißt: Die Nennung der eigenen Person ist zu vermeiden. Das gilt auch für den indirekten Verweis auf die eigene Person durch die Pronomen *wir, man, mein, unser.*

Manchmal (vor allem in älteren wissenschaftlichen Texten) findet man Ich-Umschreibungen in der 3. Person: *Die Verfasserin vertritt die Auffassung, dass…* (statt: *Ich vertrete die Auffassung, dass…*). Solche Umschreibungen wirken umständlich und sind heute nicht mehr üblich.

Beim wissenschaftlichen Formulieren kann man das *Ich* durch grammatische Tricks leicht umgehen, ohne den Sinn einer Aussage zu verfälschen:

– durch **Passiv-Konstruktionen** (auch „deagentivierendes Passiv" genannt, weil die handelnde Person, das Agens, aus dem Satz verschwindet):

Die Wachstumsrate stelle ich in Abhängigkeit von der Phytohormonkonzentration dar.

Die Wachstumsrate wird in Abhängigkeit von der Phytohormonkonzentration dargestellt.

– durch die **Nominalisierung** von Verben:

Ich interpretiere den Text unter der Fragestellung, ob…

Die Interpretation des Textes erfolgt unter der Fragestellung, ob…
Der Interpretation des Textes liegt die Fragestellung zugrunde, ob…

Allerdings soll dies keine Einladung zum so genannten „Nominalstil" sein – also Sätze, die mit Nomen überfrachtet sind, wie man sie z.B. in der Amtssprache findet („*Anordnung einer Prüfung des Antrags zur Verlängerung der Kostenübernahme*"). Solche Texte wirken extrem hölzern und sind oftmals weitaus schwerer zu verstehen als Formulierungen mit Verben (...*wird angeordnet... zu prüfen...*).

Anders als noch vor einigen Jahrzehnten geht man heute nicht mehr so weit, ein generelles „Ich-Verbot" für wissenschaftliche Texte zu verhängen. Im Gegenteil: Es kann an bestimmten Stellen im Text durchaus sinnvoll und aufschlussreich sein, *ich* zu schreiben. Dies gilt vor allem, **wenn der Verfasser seinen Text für die Leser kommentiert**, um dadurch eine **Lese- und Verstehenshilfe** zu geben. Diese Textkommentare finden sich meist in einleitenden oder überleitenden Textpassagen und beziehen sich häufig auf:

– Konzeption bzw. Aufbau einer Arbeit / eines Kapitels:

> „*Ich nenne im Folgenden zunächst die Zielsetzungen, auf die es **mir** ankommt [...]. Anschließend gebe **ich** einige Hinweise zu Unterrichtsmöglichkeiten. Bei den Zielsetzungen ist **mir** wichtig zu zeigen, dass es nicht nur um Texterschließung geht [...].*" (Spinner 2000, 106)

– Begründungen für Planungs- und Auswahlentscheidungen oder den Entstehungshintergrund einer Arbeit, soweit er für das Verständnis hilfreich ist (z.B. Vorversuche, die genauere Forschungen angeregt haben, das Erkennen einer Forschungslücke, die man schließen möchte, usw.):

> „*In diesem 3. Kapitel gehe **ich** – bedingt durch die Literaturlage – teilweise auch auf Gesprächsstile ein, während sonst der Schwerpunkt dieses Buches auf Schrifttexten bzw. visueller Textwahrnehmung liegt.*" (Sandig 2006, 89)

> *Aus Gründen der Übersichtlichkeit verzichte **ich** an dieser Stelle auf eine genauere Erläuterung der katabolen Stoffwechselvorgänge und verweise auf die Darstellung bei Wehner/Gehring (1995, 262ff.).*

– (evtl. ungewöhnliche) wissenschaftliche Positionierungen oder Bewertungen:

> „*Unter Inferenzen verstehe **ich** kognitive Prozeduren, die durch Textmerkmale stimuliert werden [...].*" (Pohl 2005, 1865)

> *Vor dem Hintergrund dieser Forschungsergebnisse komme **ich** zu einer differenzierteren Einschätzung des Sachverhalts.*

30   1. Grundlegendes zum wissenschaftlichen Formulieren

1.7 *Ist oder war* – Welche Zeitform?

Wissenschaftliche Texte werden üblicherweise in der **Gegenwartsform**, dem Präsens, abgefasst.

Selbst bei Angaben über zeitlich Zurückliegendes findet man häufig Formulierungen im Präsens (wie in Beispiel a). Es können jedoch auch Tempusformen der Vergangenheit gewählt werden, wobei ein Wechsel der Zeitebene vor allem dann sinnvoll ist, wenn der Aspekt der Vorzeitigkeit in der Darstellung besonders hervorgehoben werden soll (wie in Beispiel b). Längere Passagen in Vergangenheitsformen sollten jedoch vermieden werden, da sie einem Sachtext leicht einen unangemessen erzählenden Stil („Erzähl-Präteritum") verleihen. Vorsicht ist auch geboten, wenn sehr häufig zwischen verschiedenen Zeitebenen gewechselt wird. In solchen Fällen sollte man prüfen, ob der Text nicht flüssiger zu lesen und prägnanter ist, wenn er durchgängig im Präsens formuliert wird. Inhaltsangaben (z.B. von dichterischen oder wissenschaftlichen Werken) werden ebenfalls im Präsens abgefasst.

a) „Ein erster Aufschwung der Werbeforschung **setzt** *jedoch erst nach dem Zweiten Weltkrieg in Zusammenhang mit dem intensiven Auf- und Ausbau der Verkaufsaktivitäten und der Verbreitung von Markenartikeln ein. […] Seit den fünfziger und sechziger Jahren* **entstehen** *zudem immer mehr Werbe- und Werbetextratgeber, die den Werbenden Ratschläge und Gestaltungsgrundsätze näher zu bringen versuchen."* (Janich 1999, 11)

b) „Eine exakte Abgrenzung einzelner Stadien des Schocks **ist** *aufgrund der fließenden Übergänge und der komplexen ineinandergreifenden pathophysiologischen Mechanismen nicht möglich. Bei den hypodynamen Schockformen* **wurde** *früher häufig die Ausprägung der Zentralisation zu einer Stadieneinteilung* **herangezogen***. Unter Berücksichtigung auch der hyperdynamen Schockformen* **kann** *diese jedoch aufgrund ihres unterschiedlichen Verhaltens beim hypo- und hyperdynamen Schock nicht als Klassifizierungskriterium Verwendung finden. Weitere in der Vergangenheit* **benutzte** *Einteilungen* **beziehen** *sich auf ver-*

*schiedene klinische Symptome und **können** nicht verallgemeinert werden.“* (Heinrichs 1992, 140)

1.8 *Der steinige Pfad der Wissenschaft* – Metaphorische Formulierungen

Mit metaphorischen Formulierungen sind Formulierungsweisen gemeint, bei denen ein Begriff in einen anderen Bedeutungszusammenhang übertragen wird, um (u.a.) einen abstrakten Gegenstand oder Sachverhalt zu veranschaulichen, sprachlich zu „verbildlichen“. Zu diesen Sprachbildern gehören vor allem metaphorische Bezeichnungen (*Steueroase, soziales Netz, Kellerduell*) und metaphorische Redewendungen (*Öl ins Feuer gießen, etwas in den Griff bekommen, eine Lanze für jemanden brechen…*).

Die Frage, ob Metaphern in wissenschaftlichen Texten verwendet werden sollten oder nicht, wurde schon in der Antike diskutiert und sorgt bis heute für Kontroversen: Die Gegner sehen durch Sprachbilder vor allem den Anspruch nach klarer, unmissverständlicher Ausdrucksweise verletzt; die Befürworter betonen den besonderen didaktischen Wert der Anschaulichkeit, die dem Leser das Textverständnis erleichtern kann. Für beide Positionen gibt es nachvollziehbare Argumente und die Wahrheit liegt wahrscheinlich (wie so oft) irgendwo in der Mitte.

Metaphorische Ausdrücke und Wendungen können in wissenschaftlichen Texten nicht gänzlich vermieden werden, schon weil viele Fachbegriffe metaphorische Bildungen sind (*Spiralcurriculum, Sonnengeflecht, Alterspyramide…*). Aber man sollte bei der Verwendung von bildhaften Formulierungen in Fachtexten einige wichtige Aspekte beachten:

1. Die meisten metaphorischen Wendungen und Ausdrücke, die im Alltag verwendet werden, sind aufgrund ihrer **stilistischen Auffälligkeit** für sachliche Texte **unpassend**:

32   1. Grundlegendes zum wissenschaftlichen Formulieren

Viele metaphorische Bildungen gehören der Umgangs- oder Jugendsprache an und sind für Sachtexte nicht geeignet, weil sie **zu salopp** oder **zu ausdrucksstark** (expressiv) wirken, z.B. *Kredithai, Literaturpapst, jemandem einen Korb geben* (für *eine Absage erteilen*), *Hals über Kopf* (für *besonders eilig*)… Andere dagegen fallen stilistisch auf, weil sie **altmodisch** oder **gestelzt** wirken, z.B. *fröhliche Urständ feiern* (für *auferstehen*) oder *wider den Stachel löcken* (für *sich widersetzen*).

Ihr Lehrer/Dozent schreibt in solchen Fällen *Stil* oder *Ugs.* (für Umgangssprache) an den Rand des Textes, um Sie auf einen unangemessenen Sprachgebrauch aufmerksam zu machen.

Daneben gibt es aber auch zahlreiche metaphorische Wendungen, die stilistisch kaum oder gar nicht (mehr) auffällig sind. Ihre ursprüngliche Bildhaftigkeit ist – metaphorisch ausgedrückt – im Laufe der Zeit „verblasst". Ausdrücke dieser Art werden auch in wissenschaftlichen Texten verwendet, zum Teil sogar recht häufig. Hier eine kleine Auswahl mit Formulierungsbeispielen (z.T. aus wissenschaftlichen Veröffentlichungen):

– *sich etwas vor Augen führen*
– *den Ausschlag für etwas geben*
– *den Blick auf etwas richten*
– *in das / aus dem Blickfeld geraten / rücken*
– *sich auf dem Boden von etwas entwickeln*
– *ein Eckpfeiler (sein)*
– *mit etwas in Einklang stehen*
– *Einzug in etwas halten*
– *einer Frage nachgehen*
– *auf der Hand liegen*
– *nicht von der Hand zu weisen sein*
– *in den Hintergrund treten*
– *im Mittelpunkt / im Zentrum stehen*
– *eine Rolle spielen*
– *der rote Faden (sein)*
– *eine tragende Säule (sein)*

1.8 Metaphorische Formulierungen   33

– *im Vordergrund stehen*
– *jemandem / etwas im Wege stehen*

Die wissenschaftliche Beschäftigung mit fachbezogenen festen Wortverbindungen wurde lange Zeit ausschließlich dem Forschungsbereich der Terminologielehre zugewiesen. Erst zu Beginn der 1990er Jahre **rückten** *auch Fachphraseologismen* **in das Blickfeld** *der germanistisch-linguistischen Phraseologieforschung.*

Eine erste juristische Prüfung bezog sich auf die Frage, ob der vorgelegte Gesetzentwurf **mit** *dem Grundgesetz* **in Einklang steht.**

„Ursächlich für das Auftreten von Myokardischämien bei Hypertonikern mit unzureichend eingestellten Blutdruckwerten sind strukturelle und funktionelle Veränderungen der Koronargefäße. Hierbei **spielen** *die Mediahypertrophie und die endotheliale Dysfunktion [...]* **eine entscheidende Rolle.**" *(Hagert/Teichmann 2001, 259)*

„Für den Großteil der Patienten mit Vorhofflimmern **steht** *daher momentan die palliative [...] oder medikamentös-antiarrhythmische Behandlung* **im Vordergrund.**" *(Schumacher et al. 2004, 818)*

Ob eine metaphorische Formulierung in einem wissenschaftlichen Text als stilistisch passend oder unpassend empfunden wird, kann nicht pauschal beurteilt werden. Der Textzusammenhang ist dabei ebenso wichtig wie das subjektive Sprachempfinden von Schreiber und Leser.

Auch hier gilt: Bei Unsicherheiten können Wörterbücher Hinweise auf die stilistische Bewertung von Ausdrücken geben. Ungeeignet für wissenschaftliche Formulierungen sind Ausdrücke, die als *scherzhaft, ironisch, mundartlich, jugendsprachlich, kindersprachlich, werbesprachlich, umgangssprachlich* gekennzeichnet sind.

> **Wenn Sie sich nicht sicher sind, ob eine metaphorische Formulierung in Ihrem wissenschaftlichen Text stilistisch passend ist, dann sollten Sie sicherheitshalber eine andere, nicht-metaphorische Formulierung wählen.**

2. Metaphorische Formulierungen können nicht nur die Verständlichkeit eines Textes erhöhen, sie können einen Text auch

34   1. Grundlegendes zum wissenschaftlichen Formulieren

auflockern und für den Leser attraktiver machen. Dennoch gilt, dass metaphorische Formulierungen in wissenschaftlichen Texten – wenn überhaupt – **sparsam** und **gezielt eingesetzt** werden sollten. Allzu häufiger Gebrauch von Metaphern oder allzu kühne Bilder entsprechen nicht dem Stil wissenschaftlicher Texte.

Was auch immer das Thema Ihrer Arbeit ist: **Lassen Sie sich nicht verführen!** Schon mancher empfindsame Verfasser einer literaturwissenschaftlichen Arbeit hat sich von der Poesie des behandelten Dichters inspirieren lassen und ist mit ihm ins Reich der blumigen Formulierungen entschwebt:

☹ *Das Kaleidoskop seiner Reiseeindrücke gab seinem schöpferischen Geist neue Nahrung und es erwuchs eine Flut von Briefen und Gedichten, die nicht ungehört verklungen ist.*

3. Bevor Sie eine metaphorische Formulierung zu Papier bringen, sollten Sie auch den folgenden Aspekt prüfen: In wissenschaftlichen Texten liegt der Wert einer Metapher gerade darin, dass sie dem Leser „eine Verstehens*brücke baut*", indem sie einen abstrakten Sachverhalt mithilfe einer konkreten Bildvorstellung „vorstellbar" macht. Das setzt jedoch notwendigerweise voraus, dass das verwendete Bild besonders **eindeutig** und **zutreffend** ist und als **allgemein bekannt** angenommen werden kann. Wird jedoch ein abstrakter Sachverhalt durch ein Bild verdeutlicht, das selbst abstrakt, mehrdeutig oder wenig geläufig ist, so wirkt die Metapher eher verwirrend als erhellend und ist damit wertlos, wie folgendes Beispiel zeigt:

☹ *Mit der Verabschiedung eines umfangreichen Programms zur Stabilisierung der wirtschaftlichen Lage beschritt die Bundesregierung 1967 einen trittschallgedämmten Königsweg.*

Diese Metapher ist nicht erfunden, sie wurde tatsächlich in einem politischen Text so verwendet. Als Leser fragt man sich jedoch, welche Art der Bewertung hier eigentlich vorgenommen werden soll: Ist ein *trittschallgedämmter Königsweg* besser oder schlechter

1.9 Anthropomorphismen   **35**

als der „normale" *Königsweg* (also die bestmögliche Lösung für ein Problem)? Wie auch immer – ersparen Sie Ihren Lesern metaphorisches Rätselraten.

4. Und schließlich: Achten Sie darauf, dass sprachliche Bilder nicht in einem logischen Widerspruch zum Kontext stehen und dadurch unfreiwillig komisch oder missverständlich wirken:

☹ *Der Rückhalt in der Bevölkerung nahm zunehmend ab.*
☹ *Als Hitler vor die Zuschauer trat, standen weite Teile der deutschen Bevölkerung hinter ihm.*
☹ *Die Frage nach chronobiologischen Einflüssen auf die Stoffwechselregulation wurde mithilfe von Verdunkelungsexperimenten beleuchtet.*

1.9 *Atome wollen nur das Eine* – Anthropomorphismen

Von einem Anthropomorphismus („Vermenschlichung") spricht man, wenn Tieren, Pflanzen oder unbelebten Gegenständen durch eine bestimmte Wortwahl menschliche Züge oder Eigenschaften zugeschrieben werden (☹ *das Atom erkennt die freie Bindungsstelle*). Problematisch daran ist, dass anthropomorphe Formulierungen die (naturwissenschaftliche) Realität meist falsch oder zumindest unvollständig bzw. ungenau wiedergeben.

Ähnlich wie bei metaphorischen Formulierungen geht es auch bei der Anthropomorphisierung um die Erzeugung einfacher Erklärungs- und Beschreibungsmodelle für komplexe oder abstrakte Sachverhalte. Dabei werden Anthropomorphismen **häufig unbewusst produziert**, da sie ein „mental naheliegendes Instrument" (Kattmann 2005, 165) zur Versprachlichung wissenschaftlicher Phänomene darstellen:

☹ *Pflanzen wissen intuitiv, in welche Richtung sie wachsen müssen.*

Wissen und *Intuition* sind Fähigkeiten, die man Pflanzen nach jetzigem Stand der Forschung nicht zuschreiben kann. Insofern ist

36   1. Grundlegendes zum wissenschaftlichen Formulieren

diese Formulierung sachlich falsch (zumindest aus biologischer Sicht – Philosophen mögen dies anders sehen). Menschen hingegen ahnen (intuitiv) bzw. wissen (nach jahrelanger Forschung), dass für das Richtungswachstum von Pflanzen in erster Linie die Erdanziehungskraft und das einfallende Sonnenlicht die bestimmenden Einflussfaktoren sind (die wiederum zur Freisetzung von Wachstumshormonen in bestimmten Teilen der Pflanze führen). Das sollte man dann auch so schreiben. Oder einfacher:

☺ *Die Richtung des Pflanzenwachstums wird durch Umweltfaktoren bestimmt.*

Ein anderes Beispiel:

☹ *Bakterien lauern überall dort, wo sie günstige Umweltbedingungen vorfinden.*

Diese Formulierung wäre in einem wissenschaftlichen Text unter zwei Gesichtspunkten problematisch: Zum einen ist das Verb *lauern* nicht wertneutral, weil es Bakterien eine generelle Feindseligkeit und Angriffslust unterstellt. Zum anderen vermittelt das Wort *vorfinden* den Eindruck, es habe zuvor einen aktiven Such- und Entscheidungsprozess der Bakterien gegeben („Hier wollen wir bleiben!"). Das ist jedoch – vorsichtig ausgedrückt – eher unwahrscheinlich. Es sollten daher Formulierungen gewählt werden, die weniger missverständlich sind und die den tatsächlichen biologischen Verhältnissen näher kommen:

☺ *Die Überlebens- und Vermehrungsrate von Bakterien ist dort besonders hoch, wo für sie günstige Umweltbedingungen herrschen.*

Auch die folgende Formulierung suggeriert, dass dem biochemischen Prozess der Diffusion ein aktives Wollen und planvolles Handeln von Teilchen zugrunde liegt.

☹ *Bei Diffusionsvorgängen sind die Teilchen* <u>bestrebt</u>, *einen Ausgleich unterschiedlicher Konzentrationen herbeizuführen.*

Da der Ausgleich aber ein passiver Vorgang ist, formuliert man präziser:

☺ *Bei Diffusionsvorgängen kommt es durch die thermische Bewegung der Teilchen zu einem Ausgleich unterschiedlicher Konzentrationen.*

1.10 *Die Fußnote regt an…* – Subjektschübe

Beim Subjektschub geht es ebenfalls um eine fehlerhafte „Vermenschlichung", die in diesem Fall jedoch die Folge einer vereinfachenden Satzkürzung ist. Bei dieser Kürzung wird eine handelnde Person als Subjekt aus dem Satz „verdrängt" und ein anderes Substantiv an deren syntaktische Position geschoben:

Der Wissenschaftler weist in einer Fußnote darauf hin…

↓

☹ *Die Fußnote weist darauf hin…*

Der Fehler besteht darin, dass das Hinweisen eine menschliche Tätigkeit ist, die nicht <u>von</u>, sondern <u>mittels</u> einer Fußnote vollzogen wird, d.h.: Subjekt und Prädikat passen nicht zusammen. Weitere Beispiele für Subjektschübe:

– ☹ *das zweite Kapitel räumt jedoch ein…*
– ☹ *die Abbildung erklärt…*
– ☹ *die Fußnote gibt Auskunft über…*
– ☹ *das Fazit nennt…*
– ☹ *die Grafik erläutert…*
– ☹ *der Absatz betont…*

Um eine Formulierung mit Subjektschub aufzulösen, kann man entweder das handelnde Subjekt wieder einfügen (☺ *Im zweiten*

38   1. Grundlegendes zum wissenschaftlichen Formulieren

Kapitel regt der Autor an…), oder aber man weicht auf eine Passivkonstruktion aus (☺ *Im letzten Absatz wird betont…*).

Daneben gibt es auch die Möglichkeit, ein Verb zu wählen, das semantisch nicht zwingend auf menschliches Handeln verweist: z.B.: ☺ *die Grafik veranschaulicht / zeigt / lässt erkennen…* (in diesem Fall ist der Subjektschub aber streng genommen nicht aufgelöst, sondern nur abgeschwächt).

1.11 Zahlen und Symbole

Bei wissenschaftlichen Darstellungen kann man auf die Verwendung von Zahlen und Symbolen meist nicht verzichten. Für ihre Schreibung gelten formale Standards, die in den Normen DIN 5008 und DIN 1302/1304 festgelegt sind. Im Folgenden finden Sie ein paar grundlegende Hinweise[4]:

1.11.1 Zahlen

– In Texten werden die ganzen Zahlen null bis zwölf als **Wörter** geschrieben, ab 13 schreibt man **Ziffern** (*Das Fähnlein der sieben Aufrechten, am dritten Tag, Alibaba und die 40 Räuber, wir fuhren in den 18. Stock*).
– Man schreibt jedoch Ziffern, wenn

    – man statistische Angaben macht (*Die Abweichung beträgt 8 %*),
    – das Wort *Zahl* vorausgeht (*Sie setzte beim Roulette auf die Zahl 5*),
    – kleine und größere Zahlen in einem gemeinsamen Kontext stehen (*Die Rettungsboote fassen je nach Ausführung 8 oder 16 Personen*).

– **Nachkommastellen**: Hier ist ein Mittelweg zwischen Präzision und Zweckmäßigkeit zu suchen: Drei und mehr Nachkomma-

---

[4]   vgl. Rossig/Prätsch 2002, 146ff.; Genaueres finden Sie auch in den Regelwerken gängiger Wörterbücher

stellen sollten nur dann angegeben werden, wenn diese Genauigkeit für die wissenschaftliche Darstellung tatsächlich wichtig bzw. aufschlussreich ist. Dies kann z.B. in naturwissenschaftlichen oder mathematischen Arbeiten der Fall sein. Meistens ist jedoch mit einer Rundung auf ein oder zwei Nachkommastellen dem Präzisionsanspruch genüge getan.

– Mehrere Zahlen sollten niemals direkt aufeinanderfolgen, weil die Lesbarkeit eines Textes darunter leidet und sich leicht Lesefehler einschleichen können:

☹ *Das Unternehmen machte 1994 3,4, 1998 5,2 und 2003 7,1 Mio. Euro Umsatz.*

Bleibt man bei einer Textdarstellung, sollte hier etwas ausführlicher formuliert werden:

☺ *1994 betrug der Umsatz des Unternehmens 3,4 Mio. Euro. Er stieg im Jahr 1998 auf 5,2 Mio. und im Jahr 2003 auf 7,1 Mio. Euro.*

Alternativ kann man die Daten auch in Form einer Tabelle, eines Diagramms oder einer einfachen Auflistung darstellen:

☺ *Der Umsatz des Unternehmens betrug (in Euro):*
1994: 3,4 Mio.
1998: 5,2 Mio.
2003: 7,1 Mio.

1.11.2 Symbole

– In einem wissenschaftlichen **Text** werden in der Regel **keine Symbole** verwendet, die Wörter oder Textanteile ersetzen (z.B. ⇒ für „daraus folgt", & für „und"…). Ausnahmen sind Währungssymbole (€, $...), das Paragraphensymbol (§) und das Prozent-/Promillezeichen (%,‰). Diese Zeichen werden mit einem Leerzeichen (Space) von der Zahl abgetrennt (*100 %, § 218*).

40   1. Grundlegendes zum wissenschaftlichen Formulieren

– In **Grafiken, Abbildungen** und **Diagrammen** können Symbole verwendet werden, allerdings muss dann darauf geachtet werden, dass sie den Standards des jeweiligen Faches entsprechen. Wenn Sie neue Symbole einführen oder für das Fach untypische Symbole verwenden, müssen Sie diese erklären (z.B. mit einem Symbolverzeichnis neben der Grafik oder am Anfang/am Ende der Arbeit).
– Bedenken Sie, dass dieselben Symbole in verschiedenen Fächern unterschiedliche Bedeutungen haben können:
  Mathematik: *20 > 13 (heißt: „20 ist größer als 13")*
  Sprachwissenschaft: *Mhd. eilf > nhd. elf (heißt: „das mittelhochdeutsche Wort* eilf *hat sich entwickelt zu neuhochdeutsch* elf")
– In naturwissenschaftlichen und mathematischen Arbeiten kommen Symbole in Formeln und Gleichungen vor. Sofern sie fachtypisch sind, ist eine gesonderte Erläuterung nicht notwendig:

$$12\ H_2O + 6\ CO_2 \rightarrow C_6H_{12}O_6 + 6\ O_2 + 6\ H_2O \qquad \Delta G: +2872\ kJ$$

Formeln und Gleichungen haben den Vorteil, dass sie platzsparend und präzise sind. Sie haben jedoch den Nachteil, dass sie beim Lesen erst decodiert, also entschlüsselt werden müssen. Unter Umständen kann dann eine zusätzliche Darstellung der Hauptaussage in Textform (*Bei der Photosynthese entstehen Glucose, Sauerstoff und Wasser.*) sinnvoll sein. In diesem Text muss dann jedoch wieder auf Symbolsprache verzichtet werden.

1.12 Satzbau

1.12.1 Keine Wuchersätze!

Jedem Leser von wissenschaftlichen Texten sind sie schon untergekommen: **Wuchersätze.** Sie sind syntaktischer Wildwuchs aus Einschüben, Aufzählungen und Attribuierungen, womöglich noch reichlich mit Fach- und Fremdwörtern besät. Schwer lesbar sind sie ohnehin, die Wuchersätze, und damit ein sicheres syntaktisches Mittel, um einen Text kompliziert und unverständlich zu machen.

In einem Literaturlexikon habe ich diese beiden eindrucksvollen Exemplare (so!) gefunden (aus Diskretionsgründen ohne Quellenangabe):

☹ *„Fluchtpunkt des perspektivischen, zwischen zwei Stilprinzipien fluktuierenden Erzählens ist [... seine] seelische Bewegtheit, die im Pathos des Mitfühlens, das sich durch naturalistische Beobachtung und Analyse entfaltet, ebenso realisiert ist, wie sie im symbolischen realistischen Erzählen akustischer und visueller Bewegungsabläufe in Natur und Technik als Potenz glaubhaft gemacht wird, Unbewusstes in visionär-mythischen Bildvorgängen auszusprechen. So kann eine Metapher für einen inneren Vorgang dem Bilde eines äußeren entsprechen, wiederholen sich wie in* Lenz *und Jean Pauls* Titan, *aber auch an die sich ständig wiederholenden geometrischen Figuren im Bildaufbau Goyas erinnernd, stets die gleichen Bewegungsfiguren, so dass die äußeren die inneren Bewegungen symbolisch spiegeln und zugleich psychologisch neue innere Bewegung bewirken, so dass auf diese Weise der im Seelischen liegende Schicksalszwang poetisch erstellt wird."*

Alles klar?

Selbst wenn Sie als tapferer Leser bis zum Ende durchgehalten und den Inhalt erfasst haben: Diese Sätze sind eine Zumutung, denn sie sind hakelig formuliert, mit Fremdwörtern übersät und viel zu lang. Man muss sie mehrfach lesen und im Geist Stück für Stück zerlegen, um zu verstehen, was der Verfasser mitteilen möchte. Und genau da liegt das Problem: Die syntaktische Entflechtungsarbeit raubt Zeit und Nerven, denn sie unterbricht den Lesefluss und lenkt vom Inhalt ab. **Der Leser soll aber nicht über den Bau der Sätze nachdenken, sondern über ihren Inhalt.**

Aus diesem Grund möchte ich an dieser Stelle ausdrücklich mit einigen weit verbreiteten **Irrtümern zum Satzbau** in wissenschaftlichen Texten aufräumen:

1. Grundlegendes zum wissenschaftlichen Formulieren

- Ein guter wissenschaftlicher Schreibstil zeichnet sich **gerade nicht** durch lange, verschachtelte Sätze aus!
- Komplizierte Gedanken erfordern **nicht** zwangsläufig ebenso komplizierte Satzkonstruktionen (im Gegenteil)!
- Es ist **nicht** notwendig, einen gesamten Gedankengang in einem einzigen Satz unterzubringen.

Ebenso ungünstig wie die Wuchersätze wäre aber auch das andere Extrem: Ein Text, der nur aus kurzen, einfachen Hauptsätzen besteht. Abgesehen von der stilistischen Fragwürdigkeit ließen sich wissenschaftliche Zusammenhänge mit einem solchen Satzbau kaum präzise darstellen.

Aber wie soll er denn nun sein, der Satzbau?
Es ist wie so oft im Leben: Die Mischung macht's und der Zweck heiligt die syntaktischen Mittel (jedenfalls meistens).

> **Gelungen ist der Satzbau immer dann, wenn der Inhalt präzise, verständlich und kompakt übermittelt wird und die syntaktische Struktur als solche vom Leser nicht als störend wahrgenommen wird.**

Im Folgenden finden Sie einige Tipps und Beispiele, die Ihnen bei der Formulierung von Sätzen in wissenschaftlichen Schreibprojekten helfen können:

Tipp: **Ordnen Sie Ihre Gedanken**
(im Kopf und/oder auf Papier)

Bevor Sie mit der konkreten Formulierungsarbeit beginnen: Überlegen Sie sich, in welcher Reihenfolge die Informationen dargelegt werden sollen und in welcher logischen Beziehung die einzelnen Aspekte zueinander stehen. Hilfreich kann es sein, sich an Leitfragen zu orientieren:

– Welche Information steht am Anfang der weiteren Überlegungen?
– In welcher logischen Reihenfolge bauen die weiteren Aspekte darauf auf?

Die logischen Zusammenhänge kann man beispielsweise durch geeignete Konjunktionen prägnant ausdrücken (dabei auf Kommasetzung achten!):

Im folgenden Beispiel entspricht die Abfolge der Informationen nicht dem logischen Denkweg:

☹ *Verlässliche Ergebnisse können nur durch eine zusätzliche schriftliche Überprüfung erreicht werden. Aus der Forschungsliteratur wird deutlich, dass die Befragung als einziges Verfahren zur Ermittlung von Lernzuwächsen nicht ausreicht.*

Durch eine Umstellung und den Einsatz von Konjunktionen wird der Sachverhalt klarer:

☺ *Aus der Forschungsliteratur wird deutlich, dass die Befragung als einziges Verfahren zur Ermittlung von Lernzuwächsen nicht ausreicht. Verlässliche Ergebnisse können nur erreicht werden,* **wenn sowohl** *eine Befragung* **als auch** *eine schriftliche Überprüfung erfolgen.*

In dieser Tabelle finden Sie unterschiedliche Bedeutungsbeziehungen zwischen Haupt- und Nebensätzen und jeweils zugehörige Konjunktionen:

Bedeutung / Angabe	Konjunktionen (Auswahl)	Formulierungsbeispiele
Auswahl / Ausschluss	entweder… oder, weder… noch	*Zur Färbung des Präparats kann* **entweder** *Methylenblau* **oder** *Fuchsinlösung eingesetzt werden.* *Experten vertreten die Auffassung, dass viele Jugendliche* **weder** *durch Abschreckung* **noch** *durch Aufklärung vom Konsum legaler Drogen abzuhalten sind.*

44 1. Grundlegendes zum wissenschaftlichen Formulieren

Bedeutung / Angabe	Konjunktionen (Auswahl)	Formulierungsbeispiele
Bedingung	wenn, falls, sofern, soweit	*Verlässliche Ergebnisse sind vor allem dann zu erwarten,* **wenn** *die untersuchten Produkte frei von Schadstoffrückständen sind.* *In dieser Frage kann die Textlinguistik eine Reihe von methodischen Anknüpfungspunkten bieten,* **sofern** *von einem weiten Textbegriff ausgegangen wird.*
Begründung	weil, da, denn, deshalb	*Hier besteht weiterer Entwicklungsbedarf,* **weil** *die bestehenden technischen Systeme zum jetzigen Zeitpunkt nicht fehlerfrei arbeiten.* *Dieser Wirkstoff ist als Dauermedikation ungeeignet,* **denn** *ältere Menschen leiden häufig unter Bluthochdruck.*
Einräumung	obwohl, obgleich, wenngleich	**Obwohl** *in den letzten Jahren intensive Forschungen auf diesem Gebiet betrieben wurden, konnten die makroökonomischen Zusammenhänge bislang nicht hinreichend geklärt werden.*
Einschränkung	aber, doch, jedoch, allein, wenn auch, nur	*Eine verstärkte Gesundheitsförderung in Schulen ist wünschenswert, praktisch* **jedoch** *schwer umsetzbar.* *Typische stilistische Mittel sind nachweisbar,* **wenn auch** *nur in geringer Zahl.*
Erweiterung	darüber hinaus, nicht nur... sondern auch, vielmehr, sowohl... als auch	*Diese Entscheidung hatte* **nicht nur** *innenpolitische Folgen,* **sondern** *belastete* **auch** *das Verhältnis zu den Nachbarstaaten.* *Die Erhebung von Zahlenwerten bleibt nicht alleiniges Ziel,* **vielmehr** *bildet sie die Grundlage für die Konzeption der weiteren Analyseschritte.*
Folge / Resultat	dass, so dass	*Die Autoren liefern knappe Zusammenfassungen von Forschungsarbeiten,* **so dass** *ein schneller Überblick über die Literaturlage gewonnen werden kann.*

1.12 Satzbau **45**

Bedeutung / Angabe	Konjunktionen (Auswahl)	Formulierungsbeispiele
Gegensatz	aber, doch, jedoch, sondern, während	*Vielen Erkrankungen liegt nicht eine einzige Ursache, **sondern** ein multipler Ursachenkomplex zugrunde.* ***Während** Derivationssuffixe der Neubildung von Wörtern dienen, prägen Flexionssuffixe die syntaktischen Formen bestehender Wörter aus.*
Mittel / Umstand / Verfahren	indem, ohne dass	*Eine schrittweise Absenkung des pH-Wertes wird erreicht, **indem** einmolare Salzsäure fraktioniert zugesetzt wird.* *Äquivalenz bedeutet hier, dass die Substitution eines Wortes möglich ist, **ohne dass** es dabei zu einer Veränderung der stilistischen Textmerkmale kommt.*
Ort	wo	*Körperliche Angriffe auf Mitschüler ereignen sich statistisch am häufigsten in jenen Bereichen des Schulgeländes, **wo** Schülerinnen und Schüler unbeaufsichtigt sind.*
Proportion	je...desto	***Je** größer die Formulierungsunsicherheit, **desto** häufiger erfolgt der Rückgriff auf bewährte Sprachmuster.*
Zeitlichkeit	bevor, während, nachdem, sobald, seitdem, als	*Die Gruppenzugehörigkeit fällt auf, **sobald** ein Sprecher eine sozial markierte Formulierung gebraucht.* ***Nachdem** Phraseologismen lange Zeit vornehmlich unter lexikographischen Gesichtspunkten betrachtet worden waren, begann sich ihre systematische Erforschung vor rund 30 Jahren zu einer eigenständigen Disziplin der Linguistik zu entwickeln.*

In der gesprochenen Sprache hat sich das Phänomen der **Doppelung von Konjunktionen** inzwischen sehr stark verbreitet. Ein solcher Satzbau mag für die Umgangssprache akzeptabel sein, in der Schriftsprache jedoch sind solche Formulierungen fehl am Platz, denn sie behindern den Lesefluss erheblich. Hinzu kommt, dass zwei unmittelbar aufeinanderfolgende Konjunktionen sprachlich umständlich und ungelenk wirken. Lösen Sie einfach die ineinander verschachtelten Nebensätze in zwei separate Nebensätze auf:

☹ *Gretchen wusste nicht, dass wenn sie eine Beziehung mit Faust eingeht, sie zu einem Teil der mephistophelischen Strategie wird.*

☺ *Gretchen wusste nicht, dass sie zu einem Teil der mephistophelischen Strategie wird, wenn sie eine Beziehung mit Faust eingeht.*

Tipp: Keine Endlossätze!

Beansprucht ein einziger Satz in normaler Schriftgröße mehr als drei Zeilen, sollten Sie misstrauisch werden. Meist ist es dann sinnvoller, diesen Endlossatz in mehrere kürzere Sätze aufzulösen. Dadurch lassen sich häufig auch die Sinnbezüge deutlicher herausstellen und die Gedankenstruktur wird klarer.

☹ *Gretchen, die sich freimütig dem Henker übergibt, scheint die Rechtmäßigkeit ihrer Strafe nicht in Frage zu stellen, sondern sieht den Tod vielmehr als Möglichkeit, Buße zu tun, wodurch Goethe zwar die Todesstrafe als Erlösung von irdischen Seelenqualen rechtfertigt, zugleich aber, wie viele Dichter jener Zeit, die sich des Kindsmordthemas angenommen haben, eine dezidierte Stellungnahme zur gängigen Rechtspraxis umgeht.*

Dieses syntaktische Ungetüm enthält drei Gedanken, die ungünstig miteinander verflochten sind:

(1) Textanalyse: Gretchens Rechtsverständnis
(2) Interpretation: Goethes Haltung zur Kindsmordfrage
(3) Vergleich mit der Haltung anderer Dichter der Goethezeit

Bei der Entflechtung des Satzes sollten die drei Gedanken syntaktisch voneinander getrennt und in eine logische Beziehung zueinander gebracht werden. Hier ein Vorschlag:

☺ *Da Gretchen sich freimütig dem Henker übergibt, scheint sie die Rechtmäßigkeit ihrer Strafe nicht in Frage zu stellen. Vielmehr sieht sie den Tod als Möglichkeit, Buße zu tun.* (1) *Damit rechtfertigt Goethe zwar die Todesstrafe als Erlösung von irdischen Seelenqualen, er umgeht aber zugleich auch eine dezidierte Stellungnahme zur gängigen Rechtspraxis.* (2) *Diese Haltung findet sich bei vielen Dichtern jener Zeit, die sich des Kindsmordthemas angenommen haben.* (3)

Der folgende Satz aus einer medizinischen Fachzeitschrift bleibt auch nach mehrmaligem Lesen unverständlich – und das liegt nicht nur an der Fachterminologie, sondern auch an der Fülle und Verschachtelung von Informationen (ebenfalls aus Diskretionsgründen ohne Quellenangabe):

☹ *„Auf der Suche nach spezifischen positiven Prädikatoren, welche für die Behandlung eines Morbus Crohn mit Infliximab auf eine hohe Ansprechrate hinweisen und damit eine bessere Selektion der Patienten erlauben würden, ergab eine Studie bei Patienten mit einem aktiven Morbus Crohn für die Behandlung mit Infliximab bei Rauchabstinenz und bei der Verabreichung von Immunsuppressiva höhere Ansprechraten als bei Rauchern und bei fehlender Immunsuppression.“*

Besonders ungünstig ist, dass die wichtigste Information (das Ergebnis der Studie) von dieser Wortlawine fast verschüttet wird. Hier ist dringend „syntaktische Aufräumarbeit" zu leisten. Für die Entflechtung muss zunächst geklärt werden,

a) worum es inhaltlich geht und
b) welche Informationen dem Leser eigentlich übermittelt werden sollen.

Sie können – bevor Sie weiterlesen – zunächst selbst versuchen, diese Fragen zu beantworten. Keine Sorge: Sie brauchen dafür kein Medizinstudium, nur ein wenig Sprachgefühl.

48   1. Grundlegendes zum wissenschaftlichen Formulieren

Hier ein Lösungsvorschlag:

a) Grundsätzlich geht es hier um die Frage, wie Morbus Crohn (eine Darmkrankheit) erfolgreicher behandelt werden kann. Dafür wird ein Medikament („Infliximab") geprüft. Das Problem: Das Medikament wirkt bei unterschiedlichen Patienten unterschiedlich gut. Um das Medikament gezielter einsetzen zu können, hat man in einer wissenschaftlichen Studie untersucht, welche Faktoren die Wirksamkeit des Medikaments beeinflussen.

b)
1. Es hat eine Studie zu diesem Thema gegeben.
2. Die Wirksamkeit des Medikaments wird von den Faktoren Rauchen und Immunsuppression (Unterdrückung der Immunabwehr) beeinflusst.
3. Ergebnis: Das Medikament wirkt bei Nichtrauchern und Patienten mit unterdrückter Immunabwehr besser als bei Rauchern und bei intakter Immunabwehr.

Hat man die Informationen sortiert, kann man mit der Neuformulierung des Textes beginnen:

Die Behandlung eines Morbus Crohn mit Infliximab weist unterschiedliche Ansprechraten auf. Um gezielt Patienten mit hoher Ansprechrate auswählen zu können, wurde in einer Studie nach spezifischen positiven Prädiktoren für den Einsatz von Infliximab gesucht. Die Studie hat ergeben, dass Patienten mit aktivem Morbus Crohn besser auf Infliximab ansprechen, wenn sie nicht rauchen oder Immunsuppressiva einnehmen. Rauchen und fehlende Immunsuppression wirken sich dagegen negativ auf die Ansprechraten aus.

1.12.2 Präpositionalanschlüsse

☹ *Zahlreiche Dorfbewohner müssen aus purer Verzweiflung über das unberechenbare Meer auswandern.*

Dieser Satz lässt – bedingt durch die Präposition „über" – zwei mögliche Lesarten zu:

1. *Zahlreiche Dorfbewohner müssen über das unberechenbare Meer auswandern, weil sie verzweifelt sind.*
2. *Zahlreiche Dorfbewohner wandern aus, weil sie an der Unberechenbarkeit des Meeres verzweifeln.*

Eindeutigkeit kann jeweils durch Umstellung der Satzglieder erreicht werden:

Für die erste Bedeutung:

☺ *Aus purer Verzweiflung müssen zahlreiche Dorfbewohner über das unberechenbare Meer auswandern.*

Für die zweite Bedeutung:

☺ *Aus purer Verzweiflung über das unberechenbare Meer müssen zahlreiche Dorfbewohner auswandern.*

Ein anderes Beispiel:

☹ *Am ersten Tag der Feierlichkeiten besuchte der Landrat eine Theateraufführung mit Schülern der Pestalozzi-Schule.*

Hier ist nicht klar, ob die Schüler den Landrat ins Theater begleitet oder ob sie selbst Theater gespielt haben.

Je nach Bedeutung kann so umformuliert werden:

☺ *Am ersten Tag der Feierlichkeiten besuchte der Landrat gemeinsam mit Schülern der Pestalozzi-Schule eine Theateraufführung.*

☺ *Mit Schülern der Pestalozzi-Schule besuchte der Landrat am ersten Tag der Feierlichkeiten eine Theateraufführung.*

50   1. Grundlegendes zum wissenschaftlichen Formulieren

☺ *Am ersten Tag der Feierlichkeiten besuchte der Landrat eine Theateraufführung von Schülern der Pestalozzi-Schule.* bzw. *…, in der Schüler der Pestalozzi-Schule mitwirkten.*

1.12.3 *Der, die, das* – Die Pronomen-Falle

a) Relativpronomen

Relativsätze sind immer dann uneindeutig, wenn sich der Relativanschluss auf verschiedene Sachverhalte beziehen kann und die gemeinten Bezugswörter nicht durch den Sinnzusammenhang zweifelsfrei festzustellen sind:

☹ *Die Geschichte dieser bedeutenden Burganlage ist eng verbunden mit der Familie von Wittenbrock, die über mehrere Generationen auf der Burg lebte und die einen aufschlussreichen Einblick in die Architektur des Mittelalters erlaubt.*

In diesem Beispiel werden zwei Relativsätze an den Hauptsatz angeschlossen. Beide Relativsätze beginnen mit dem Relativpronomen *die.* Das Problem ist dabei, dass zwei identische Pronomen auf jeweils unterschiedliche Bezugswörter verweisen: Im ersten Relativsatz auf *die Familie,* im zweiten auf *die Burganlage.*

Was der Verfasser häufig nicht bemerkt (denn er weiß ja, was gemeint ist), führt beim Leser entweder zu einem Missverständnis oder – in diesem Fall – zu der berechtigten Frage, wer oder was denn nun den Einblick erlaubt, die Familie oder die Burg…

Eine einfache Umstellung schafft Eindeutigkeit:

☺ *Die Geschichte dieser bedeutenden Burganlage, die einen aufschlussreichen Einblick in die Architektur des Mittelalters erlaubt, ist eng verbunden mit der Familie von Wittenbrock, die über mehrere Generationen auf der Burg lebte.*

1.12 Satzbau **51**

Um aus stilistischen Gründen das Relativpronomen *die* nicht zwei
Mal hintereinander zu benutzen, könnte es in einem Fall durch
das Pronomen *welche* ersetzt werden.

Exkurs: Das oder was?

Weit verbreitet ist die Vorstellung, dass **was** als Relativpronomen nicht bzw. nur in der Umgangssprache zulässig sei. Dem
ist nicht so. Es gibt für die Verwendung der Relativpronomen
das und **was** einfache Regeln, die grundsätzlich gelten:

1. Bezieht sich der Relativsatz auf ein vorangegangenes säch-
   liches Substantiv, so wird **das** verwendet:

   *Das letzte Argument, das Marianne vorbrachte, hat alle über-
   zeugt.*

2. **Was** wird verwendet, wenn sich der Relativsatz auf eine
   gesamte Aussage, etwas Allgemeines oder eine abstrakte,
   unbestimmbare Größe bezieht.

   *Unser größter Triumph war es, das Ziel zu erreichen, was viele
   nicht für möglich gehalten hatten.*
   *Diese Syntax war das Auffälligste von dem, was seinen beson-
   deren Schreibstil ausgemacht hat.*

3. Nach unbestimmten Mengenangaben (*alles, einiges, nichts,
   vieles, manches*) sowie nach *dasselbe* und *das Gleiche* erfolgt
   ebenfalls der Anschluss mit **was**.

   Nicht alles, was Marianne gesagt hat, war überzeugend.
   *Er hat das Gleiche vorgeschlagen, was er schon beim letzten
   Mal angeregt hat.*

---

b) Weitere Pronomen

Das Problem der Uneindeutigkeit kann gleichfalls bei anderen
Pronomen (Personal-, Possessiv-, Demonstrativpronomen) auftreten, wenn diese ihrem Bezugswort nicht eindeutig zuzuordnen
sind, wie in folgenden Beispielen:

52   1. Grundlegendes zum wissenschaftlichen Formulieren

☹ *Der linksextreme Terrorismus stellte eine grundlegende Bedro-*
hung für den Fortbestand der demokratischen Ordnung dar. Er
wurde mit Erfolg bekämpft.

Glücklicherweise nicht… Die Aussage ist inhaltlich erst dann
richtig, wenn das Personalpronomen auf *Terrorismus* bezogen
wird, nicht aber auf *Fortbestand*, wie man leichthin meinen
könnte.

Man kann, um Klarheit zu schaffen, ein Satzgefüge mit einem
Relativsatz bilden:

☺ *Der linksextreme Terrorismus, der mit Erfolg bekämpft wurde,*
stellte eine grundlegende Bedrohung für den Fortbestand der
demokratischen Ordnung dar.

Möglich wäre auch eine umschreibende Wiederaufnahme:

☺ *Der linksextreme Terrorismus stellte eine grundlegende Bedro-*
hung für den Fortbestand der demokratischen Ordnung dar.
Diese Bedrohung wurde mit Erfolg bekämpft.

Weil ihnen stets die Gefahr innewohnt, Uneindeutigkeiten zu
schaffen, sind Pronominalisierungen in wissenschaftlichen Texten grundsätzlich weniger gebräuchlich als in anderen Textsorten.
Häufige wörtliche Wiederaufnahmen sind bei wissenschaftlichen
Formulierungen durchaus üblich, auch wenn das dann manchmal etwas spröde klingt:

„Die hohe Konsistenz der in Europa vorfindbaren **Gesellschafts-**
rechte *hat im Unterschied zu den USA zur Konsequenz, dass ein-*
zelne Elemente eines nationalen **Gesellschaftsrechts** *nicht ohne*
weiteres im institutionellen Wettbewerbsprozess gegen Elemente
eines anderen **Gesellschaftsrechts** *ausgetauscht werden können,*
ohne die Steuerungsleistung eines **Gesellschaftsrechts** *zu gefähr-*
den.“ (Heine 2003, 481)

Hier ist der Fachterminus *Gesellschaftsrecht* weder durch Pronomen noch durch Umschreibungen zu ersetzen, ohne die Eindeutigkeit der Aussage zu gefährden. Auch wenn es Sprachästheten nicht gerne hören: **Bei wissenschaftlichen Formulierungen ist Eindeutigkeit wichtiger als eine abwechslungsreiche Sprache.** Trotzdem sollten Sie stets versuchen, beides so gut wie möglich miteinander zu vereinbaren.

Ein weiterer Problemfall:

☹ *Die eingangs geschilderte Morgenidylle wird durch die telefonische Benachrichtigung einer Krankenschwester jäh durchbrochen. Ihre Stimme klingt kalt und unpersönlich, was ihre beunruhigende Wirkung noch verstärkt.*

Hier ist nicht klar, ob sich das Pronomen auf die *Benachrichtigung*, die *Krankenschwester* oder die *Stimme* bezieht. In diesem Fall verzichtet man besser auf eine Pronominalisierung und fügt zur Klärung ein geeignetes Nomen ein:

☺ *Die eingangs geschilderte Morgenidylle wird durch die telefonische Benachrichtigung einer Krankenschwester jäh durchbrochen. Ihre Stimme klingt kalt und unpersönlich, was die beunruhigende Wirkung des Anrufs noch verstärkt.*

Ist eine Bezugnahme auf *ihre Stimme* beabsichtigt, so kann auf ein Demonstrativpronomen ausgewichen werden. Dieses bezieht sich stets auf das letzte mögliche Bezugswort:

☺ *Ihre Stimme klingt kalt und unpersönlich, was deren beunruhigende Wirkung noch verstärkt.*

1.12.4 Phantom-Pronomen

Es kommt auch vor, dass Pronomen verwendet werden, zu denen in der Textumgebung weit und breit kein mögliches Bezugswort zu finden ist:

54   1. Grundlegendes zum wissenschaftlichen Formulieren

☹ *Die Populationsdynamik von Primaten ist durch eine vergleichs-*
weise geringe Zahl an Nachkommen gekennzeichnet, allerdings
kümmern sich die Elterntiere intensiv um ihn.

Wer oder was ist hier mit *ihn* gemeint? Ein Bezugswort gibt es im
Text nicht. Man ahnt jedoch, dass das (maskuline) Wort *Nachwuchs* die Gedanken des Schreibers durchkreuzt und den weiteren Formulierungsprozess beeinflusst haben könnte. Oft ergeben sich solche Phantom-Pronomen also als eine Art „Denkfehler",
wenn zuvor zwischen gleichrangigen Formulierungsalternativen
entschieden werden musste: Bei der weiteren Textproduktion ist
die jeweils andere im Geiste noch präsent und schleicht sich dann
als Fehler in die Grammatik ein.

Eine andere häufige Ursache sind Wortänderungen im fertigen
Text, bei denen man schlicht vergessen hat, den umliegenden Text
grammatikalisch entsprechend anzugleichen.

Zwei mögliche Verbesserungsvorschläge:

☺ *Die Populationsdynamik von Primaten ist durch eine ver-*
gleichsweise geringe Zahl an Nachkommen gekennzeichnet,
allerdings kümmern sich die Elterntiere intensiv um ihren
Nachwuchs.

☺ *Die Populationsdynamik von Primaten ist durch eine vergleichs-*
weise geringe Zahl an Nachkommen gekennzeichnet, allerdings
betreiben die Elterntiere eine intensive Brutpflege.

1.12.5 *Der Mann der Tochter der Cousine* – Genitive

Formulierungen mit Genitivanschlüssen können ebenfalls leicht
zu Unklarheiten führen. Deshalb ist hier besondere Vorsicht geboten:

☹ *Die Entwaffnung* der Bürger der Stadt *war eine erste Maßnahme*
zur Unterbindung der Häuserkämpfe der alliierten Soldaten.

1.12 Satzbau   **55**

Eine solche Aneinanderreihung von Genitiven ist nicht nur stilistisch unvorteilhaft, sie führt zudem zu einem häufigen Problem des Genitivgebrauchs: Es ist ein Sinnfehler entstanden.

Es sollten nicht die *Häuserkämpfe der alliierten Soldaten* unterbunden werden, sondern es handelte sich um eine *Maßnahme der alliierten Soldaten (zur Unterbindung der Häuserkämpfe)*. Hier müssen also nicht nur Genitive aufgelöst, sondern zur Klärung auch Satzteile umgestellt werden:

☺ *Um die Häuserkämpfe zu unterbinden, war eine erste Maßnahme der alliierten Soldaten, die Bürger der Stadt zu entwaffnen.*

1.12.6 Mehrteilige Verben und Verbalkonstruktionen

Stehen die einzelnen Elemente eines mehrteiligen Verbalausdrucks weit voneinander entfernt, so kann dies den Leseprozess erheblich erschweren. Der Leser muss sich dann nämlich unnötigerweise darauf konzentrieren, die grammatische Konstruktion des Satzanfangs bis zum Ende des Satzes im Gedächtnis zu behalten.

☹ *Mit dem folgenden Versuch soll der Frage, inwieweit sich der Zusatz von Jasmonsäure auf das Längenwachstum von Weizenkeimlingen auswirkt, nachgegangen werden.*

Der Verbalausdruck *soll nachgegangen werden* bildet eine grammatische Einheit, deren Teile möglichst nah beieinander stehen sollten:

☺ *Mit dem folgenden Versuch soll der Frage nachgegangen werden, inwieweit sich der Zusatz von Jasmonsäure auf das Längenwachstum von Weizenkeimlingen auswirkt.*

Gleiches gilt natürlich auch für die Präfixe von zusammengesetzten Verben, wenn sie nachgestellt sind:

☹ *Bereits in den 50er Jahren wies Fleming auf die Gefahren, die sich aus einem unkontrollierten Umgang mit Antibiotika ergeben können, hin.*

56   1. Grundlegendes zum wissenschaftlichen Formulieren

☺ *Bereits in den 50er Jahren wies Fleming auf die Gefahren hin,
die sich aus einem unkontrollierten Umgang mit Antibiotika
ergeben können.*

Manchmal ist eine Zusammenführung des Verbalausdrucks aus
syntaktischen Gründen nicht möglich, wie im folgenden Beispiel:

☹ *Die Autorin stellt im zweiten Kapitel ihrer Arbeit die Ergebnisse
einer fünfjährigen Studie zum Paarungsverhalten frei lebender
Island-Schafe vor.*

Oft kann man sich in diesen Fällen dadurch behelfen, dass man
die zweiteilige Verbform durch ein einfaches Verb ersetzt:

☺ *Die Autorin präsentiert (referiert) im zweiten Kapitel ihrer Arbeit die Ergebnisse einer Studie zum Paarungsverhalten frei lebender Island-Schafe.*

1.12.7 *Nicht enden wollend* – Partizipialgruppen

Attributiv genutzte Partizipialgruppen sind praktisch, weil man
mit ihrer Hilfe viel Inhalt auf wenig Raum unterbringen kann.
Aber genau da lauert die Gefahr: Viel Inhalt kann schnell zu einer
Überladung von Sätzen führen. Außerdem wirken Partizipialgruppen stilistisch immer etwas ungelenk, besonders wenn sie so
wortreich sind, wie im folgenden Beispiel:

☹ *In diesem Kapitel sollen die wenigen bislang vorliegenden und
für diese Arbeit als wesentlich zu betrachtenden Ergebnisse der
noch im Anfangsstadium befindlichen, Forschung auf diesem
Teilgebiet der Übersetzungswissenschaft dargestellt werden.*

Hier ist deutlich mehr Information in einen Satz gepresst, als der
Leser „verdauen" kann. Das liegt unter anderem an den drei umfangreichen Partizipialgruppen. Bei der Entflechtung sollten sie
(zumindest teilweise) aufgelöst werden. Das *zu betrachten* kann

dabei gänzlich getilgt werden, denn es ist überflüssig: Wenn Sie die wesentlichen Ergebnisse auswählen, dann ist klar, dass Sie diese auch *als wesentlich betrachten.*

☺ *Die Forschung auf diesem Teilgebiet der Übersetzungswissenschaft befindet sich noch im Anfangsstadium. Die wenigen Ergebnisse, die bislang vorliegen, sollen in diesem Kapitel insoweit dargestellt werden, als sie für diese Arbeit wesentlich sind.*

1.12.8 Nutzen Sie die Wortstellung geschickt aus

Bei Sätzen gibt es zwei Bereiche, die beim Lesen besonders aufmerksam wahrgenommen werden: der Satzanfang und das Satzende. Diese beiden Positionen sollten Sie bewusst besetzen, indem Sie sich beim Satzbau Gedanken über die Wortstellung machen. Es kann sinnvoll sein, jene Wörter, die die zentralen Inhalte eines Satzes transportieren (z.B. neue Informationen, Schlussfolgerungen, Bewertungen…), am Satzrand zu platzieren, soweit dies grammatisch möglich ist. Weniger wichtige Satzteile sollten in die Satzmitte verlagert werden.

Nach Keller (2003, 11) ist Sprachwandel die Folge systematischer Regelabweichungen innerhalb einer Sprachgemeinschaft.

Bei diesem Satzbau steht der zitierte Wissenschaftler (Keller) in der betonten Satzanfangsposition und wird damit besonders hervorgehoben. Diese Satzkonstruktionen werden häufig verwendet, wenn es bei der Darstellung von wissenschaftlichen Positionen besonders um die Personen geht (**Wer** *hat es gesagt?*).

Steht nicht das **Wer**, sondern das **Was** (also der dargestellte Sachverhalt) im Vordergrund, empfiehlt sich ein syntaktischer Umbau:

Sprachwandel ist nach Keller (2003, 11) die Folge systematischer Regelabweichungen innerhalb einer Sprachgemeinschaft.

58   1. Grundlegendes zum wissenschaftlichen Formulieren

oder (mit Akzentuierung der Ursache):

Systematische Regelabweichungen innerhalb einer Sprachgemein-
schaft nennt Keller (2003, 11) als Ursache für Sprachwandel.

1.13 Keine inhaltsleeren Sätze und Floskeln

Nicht selten findet man in Arbeiten Sätze, die keine Sachinformationen übermitteln. Das sind zum Beispiel „Regieanwei-
sungen" des Verfassers wie

Ich komme nun zum nächsten Punkt.
Die Ergebnisse werden im Folgenden noch einmal zusammengefasst.

Eigentlich müsste sich die Struktur Ihrer Arbeit dem aufmerk-
samen Leser durch die Textgliederung von selbst verdeutlichen, so
dass Sätze dieser Art überflüssig sind. Wenn Sie Ihre Textstruktur
dennoch zusätzlich kommentieren möchten, dann sollten Sie diesen Kommentar mit einer inhaltlichen Information verbinden:

Die Artenschutzproblematik soll im Folgenden am Beispiel des Ta-
hiti-Hirsches thematisiert werden.

Zusammenfassend kann festgestellt werden, dass textsortenspezi-
fische Unterschiede bei den mittleren Satzlängen nachweisbar sind.

1.14 Zitate und Zitieren

Die Bezugnahme auf andere Autoren bzw. deren Publikationen ist
ein integraler Bestandteil des wissenschaftlichen Arbeitens. Diese
Bezugnahme erfolgt in Form von Zitaten. Man unterscheidet zwischen **indirekten Zitaten**, bei denen ein Gedanke mit eigenen
Worten sinngemäß wiedergegeben wird und **direkten (oder:
wörtlichen) Zitaten**, bei denen eine Textsequenz wortwörtlich
übernommen wird.

In beiden Fällen müssen Zitate als solche kenntlich gemacht und die Zitatquellen exakt angegeben werden. Andernfalls würden Sie fremde Gedanken und Formulierungen als Ihre eigenen ausgeben – das wäre nicht nur wissenschaftlich unseriös, sondern auch eine Verletzung von Urheberrechten!

Das Zitieren ist eine Arbeitstechnik, bei der zunächst vor allem formale Konventionen zu beachten sind. Allerdings spielt der Umgang mit Zitaten immer auch eine Rolle bei der eigenen Formulierungsarbeit, denn neben der formalen Sorgfalt „müssen mentale und sprachliche Fähigkeiten zusammenkommen, damit die Textvernetzung im Sinne der Wissensverarbeitung und des Wissenstransfers gelingt." (Steets 2003, 66)

Dem Anliegen dieses Ratgebers folgend richte ich den Blick hier besonders auf den Zusammenhang zwischen Zitat und eigener Formulierung. Aus Gründen der Vollständigkeit und Verständlichkeit gehe ich jedoch auch auf grundlegende formale Konventionen ein.

Zunächst einige grundsätzliche Regeln zum Zitieren:
– **Ein Zitat darf nicht so verwendet oder verkürzt werden, dass der ursprüngliche Sinn, d.h. die Aussageabsicht des zitierten Autors, verändert oder verfälscht wird!**
– Wählen Sie Zitate mit Bedacht aus: Als wörtliche Zitate eignen sich vor allem besonders treffende oder diskussionswürdige Formulierungen von überschaubarer Länge. Anders ausgedrückt: **Zitieren Sie nichts Belangloses und keine endlosen Textpassagen.**
– **Zitieren ist kein Ersatz für das eigene Formulieren! Eine wissenschaftliche Arbeit entsteht nicht dadurch, dass man einfach Zitat an Zitat reiht und auf diese Weise einen Text „zusammenbastelt"!** Ihre Arbeit muss im Wesentlichen <u>eigene</u> Denk- und Formulierungsarbeit erkennen lassen. Zitate haben dabei vornehmlich die Funktion, den dargelegten wissenschaftlichen Erkenntnisweg zu stützen und für den Leser zu dokumentieren.

60   1. Grundlegendes zum wissenschaftlichen Formulieren

a) Zitatstellenbelege

Für jedes direkte oder indirekte Zitat muss die jeweilige Quelle in Form eines Zitatstellenbelegs angegeben werden. Dies ist wichtig, damit der Leser Ihrer Arbeit weiß, auf wen Sie sich beziehen und es ihm möglich ist, die zitierte Textstelle und ihren Kontext im Original nachzulesen.

Zitatstellenbelege werden entweder direkt hinter ein Zitat oder als Fußnote an den unteren Seitenrand gesetzt, wobei dann ein kleines Fußnotenzeichen (in der Regel eine hochgestellte Zahl) am Ende des Zitats auf die Fußnote verweist.

Bezüglich der Form der Zitatstellenbelege gibt es von Fachrichtung zu Fachrichtung unterschiedliche Konventionen. Fragen Sie Ihren betreuenden Lehrer/Dozenten: An vielen Schulen und Hochschulen gibt es genaue Anleitungen für die formale Gestaltung wissenschaftlicher Arbeiten.

Ich stelle hier nur eines der üblichen Verfahren vor:

Ein Zitatstellenbeleg ist keine vollständige Literaturangabe, wie sie im Literaturverzeichnis am Ende Ihrer Arbeit zu finden ist, sondern nur ein Kurzverweis: Der Beleg wird in runde Klammern gesetzt und enthält den Nachnamen des zitierten Autors, das Erscheinungsjahr der Publikation und die Seitenzahl, auf der die zitierte Information zu finden ist. Jahreszahl und Seitenzahl werden dabei durch Komma abgetrennt (in manchen Fachrichtungen auch durch Doppelpunkte). Zwischen Autor und Jahr steht in der Regel kein Komma, z.B. *(Ehlich 1995, 342)*. Bei allen Angaben ist auf äußerste Genauigkeit zu achten. Ein falscher Buchstabe im Namen (*Ehrlich* statt *Ehlich*) oder eine falsche Zahl bei der Seitenangabe kann dazu führen, dass die Originalstelle für Sie und die Leser Ihrer Arbeit nicht (wieder) auffindbar ist! Zitieren Sie denselben Autor weitere Male, ohne dazwischen andere Autoren zu nennen, können Sie Angaben, die sich wiederholen, durch die Abkürzung *ebd.* (für *ebenda*) ersetzen, z.B. *(ebd., 340)* – wie im Vorwort „Über diesen Ratgeber" geschehen.

Wurde der Text, aus dem Sie zitieren, von mehreren Autoren verfasst, so werden bis zu zwei Autoren im Zitatstellenbeleg namentlich aufgeführt, z.B. *(Hagert/Teichmann 2001, 258).* Die Namen werden üblicherweise durch einen Schrägstrich abgetrennt. Bei mehr als zwei Autoren wird nur der erste Name genannt; die weiteren Namen werden durch *u.a.* (und andere) oder die gleichbedeutende lateinische Form *et al.* (et alii) ersetzt, z.B. *(Busley et al. 2000, 112).*

Wird aus mehreren Werken eines Verfassers zitiert, die alle im selben Jahr erschienen sind, so werden die Werke durch den Zusatz von klein geschriebenen Buchstaben (*a, b, c...*) hinter der Jahreszahl unterschieden, z.B. *(Müller 2004a, 321).* Die Buchstabenzusätze müssen dann auch in das Literaturverzeichnis am Ende Ihrer Arbeit aufgenommen werden (ebenfalls hinter der Jahreszahl), damit eine eindeutige Zuordnung möglich ist.

Überschreitet der zitierte Text im Original eine Seitengrenze, so wird im Zitatstellenbeleg die Seite angeben, auf der die zitierte Textpassage beginnt und hinter die Zahl (ohne Leerzeichen) ein *f.* (bedeutet: und die folgende Seite) gesetzt, z.B. *(Müller 2004a, 321f.).* In indirekten Zitaten, die sich auf mehrere Seiten im Originaltext beziehen, wird dies durch *ff.* (bedeutet: und die folgenden Seiten) hinter der Seitenzahl im Zitatstellenbeleg angezeigt.

Ist eine exakte Seitenangabe nicht möglich (z.B. bei Internetquellen), dann sollten andere Verweise gewählt werden, die das Wiederauffinden der Zitatstelle erleichtern, z.B. Kapitelnummerierungen oder Zwischenüberschriften.

b) Indirektes Zitieren

Beim indirekten Zitieren machen Sie deutlich, dass Sie sich mit einer Aussage inhaltlich (sinngemäß) auf Textpassagen eines anderen Autors beziehen. Das heißt, Sie geben Inhalte aus anderen Texten **in eigenen Worten** wieder – dies kann auch in Form einer verkürzenden Zusammenfassung geschehen. Ihre Wiedergabe des betreffenden Inhalts sollte erkennbar eigenständig formuliert sein. **Es genügt nicht, den Originaltext abzuschreiben und nur ein paar Wörter auszutauschen oder Satzglieder umzustellen!** Einzig Fachtermini, die nicht ohne Sinnveränderung zu ersetzen sind, können Sie in Ihrer Formulierung beibehalten. Indirekte Zitate werden üblicherweise **nicht in indirekter Rede** wiederge-

62   1. Grundlegendes zum wissenschaftlichen Formulieren

geben (also Indikativ statt Konjunktiv). Man kann den Konjunktiv allerdings verwenden, um sich als Verfasser von einer zitierten Aussage zu distanzieren oder diese als fragwürdig, zweifelhaft darzustellen (*Die Autoren behaupten, es habe auf diesem Gebiet seit Jahren keinen Fortschritt gegeben*).

Am Ende des indirekten Zitats steht immer ein Zitatstellenbeleg (siehe Punkt a), der nach der öffnenden Klammer mit ***vgl.*** (für *vergleiche*) beginnt, z.B. *(vgl. Ehlich 1995, 346)*. **Indirekte Zitate werden nicht in Anführungszeichen gesetzt.**

c) Direktes (wörtliches) Zitieren

Beim direkten (wörtlichen) Zitieren übernehmen Sie eine Passage aus einem anderen Text wortwörtlich, und zwar **buchstabengetreu**, also exakt so, wie sie da steht!

Das wörtliche Zitat wird **in Anführungszeichen gesetzt**, wobei es auch hier – je nach Fachrichtung – unterschiedliche typographische Konventionen gibt, über die Ihr betreuender Lehrer Auskunft geben kann.

In deutschsprachigen Texten ist es üblich, die öffnenden Anführungszeichen unten und die schließenden oben zu setzen. Zwischen den Anführungszeichen und dem zitierten Text wird **kein Leerzeichen** (Space) gesetzt. Unmittelbar hinter dem schließenden Anführungszeichen steht der Zitatstellenbeleg – auch wenn der Satz noch nicht beendet ist.

Gehört ein Satzschlusszeichen (Punkt, Doppelpunkt, Ausrufe- oder Fragezeichen) am Ende des Zitats zum zitierten Text, so steht es vor dem schließenden Anführungszeichen. Ist ein Satzschlusszeichen nicht Bestandteil des Zitats (sondern eine Ergänzung von Ihnen), so steht es hinter dem schließenden Anführungszeichen, hinter dem Zitatstellenbeleg oder (falls der Satz noch weitergeführt wird) am Ende des Satzes. **Beachten Sie, dass man jeden Satz nur einmal beenden kann – es dürfen also nicht mehrere Satzschlusszeichen in einem Satz vorkommen.**

Ein Beispiel (der Punkt am Ende des Zitats steht im Originaltext, wird also „mitzitiert"):

1.14 Zitate und Zitieren **63**

Stil kann definiert werden als „die sozial relevante, interaktiv bedeutsame Art der Durchführung sprachlicher Handlungen mittels Text oder interaktiv als Gespräch." (Sandig 2007, 159)

Dasselbe Beispiel mit Weiterführung des Satzes (dabei wird der Punkt am Ende des Zitats nicht mitzitiert):

Stil kann definiert werden als „die sozial relevante, interaktiv bedeutsame Art der Durchführung sprachlicher Handlungen mittels Text oder interaktiv als Gespräch" (Sandig 2007, 159), wobei der wissenschaftliche Stil nahezu ausschließlich in Textform realisiert ist.

Es ist zulässig, innerhalb eines Zitats Textanteile auszulassen, sofern dies nicht den Sinn der Aussage verfälscht. Die Auslassung wird durch drei Punkte in eckigen Klammern angezeigt:

Stil kann definiert werden als „die sozial relevante, interaktiv bedeutsame Art der Durchführung sprachlicher Handlungen mittels Text oder [...] als Gespräch." (Sandig 2007, 159)

Formulierungsalternativen:
Es gibt eine Reihe von Möglichkeiten, die Bezugnahme auf einen anderen Verfasser explizit einzuleiten. In Kapitel 2.8 finden Sie eine Auswahl entsprechender Formulierungsmuster.

Hier einige Beispiele:

− *Nach Sandig ist Stil definiert als „die sozial relevante...*
− *Sandig beschreibt Stil als „die sozial relevante...*
− *Stil ist im Sinne von Sandig definiert als „die sozial relevante...*
− *Der Definition von Sandig folgend, ist Stil „die sozial relevante...*

Wird der Name des zitierten Autors bereits in der Hinführung zum Zitat genannt, so kann er im Zitatstellenbeleg weggelassen werden. Alternativ kann auch der gesamte Zitatstellenbeleg mit dem Namen vor das Zitat rücken. **Entscheidend ist, dass man Autorenname und Fundstelle dem Zitat zweifelsfrei zuordnen kann.**

64   1. Grundlegendes zum wissenschaftlichen Formulieren

- *Mit Sandig ist Stil „die sozial relevante, interaktiv bedeutsame Art der Durchführung sprachlicher Handlungen mittels Text oder interaktiv als Gespräch." (2007, 159)*
- *Die in dieser Arbeit verwendete Definition von Stil folgt Sandig (2007, 159): Stil ist danach „die sozial relevante, interaktiv bedeutsame Art der Durchführung sprachlicher Handlungen mittels Text oder interaktiv als Gespräch."*

Grammatische Angleichung:

Wenn Sie ein wörtliches Zitat in Ihren eigenen Text integrieren, kann es vorkommen, dass Ihr Text eine andere grammatische Struktur verlangt (z.B. einen anderen Kasus oder eine andere Wortstellung), als sie im Zitattext gegeben ist. Ein Beispiel:

Ihr selbst verfasster Text lautet: *Werbung ist gekennzeichnet durch ein…*

Der Satz soll mit den unterstrichenen Passagen des folgenden Originaltexts in Form eines wörtlichen Zitats fortgeführt werden:

> *„Werbung lässt sich nicht als festgelegter und allgemein gültiger Stil beschreiben. Dies würde dem ständigen Bestreben der Werbung nach Originalität und Auffälligkeit und der damit zusammenhängenden raschen Veränderlichkeit von Werbetrends im Zeitverlauf widersprechen." (Janich 1999, 67)*

Sie dürfen in diesem Fall behutsam in den Originaltext eingreifen, indem Sie die Kasusendung anpassen. Dieser Eingriff muss jedoch durch eckige Klammern markiert werden:

Werbung ist gekennzeichnet durch ein „ständige[s] Bestreben […] nach Originalität und Auffälligkeit" (Janich 1999, 67).

Führt die grammatische Angleichung zu einem Wegfall von Buchstaben, so wird auch dies markiert:

Werbung ist gekennzeichnet durch das „ständige[…] Bestreben […]
nach Originalität und Auffälligkeit" *(Janich 1999, 67).*

Aus Gründen der Übersichtlichkeit und Lesbarkeit Ihres Textes
sollten Sie von diesem Verfahren allerdings nicht allzu häufig
Gebrauch machen.

Die Wortstellung im zitierten Text dürfen Sie nicht verändern.
Allerdings ist es zulässig, ein Wort einzufügen, wenn dies der
grammatischen Angleichung dient. Das von Ihnen hinzugefügte
Wort muss dann in eckige Klammern gesetzt werden.

Weitere Hinweise zu formalen Konventionen:

– Sie sollten keine Textpassage zitieren, in der sich ihrerseits ein
  Zitat befindet. Das macht eine Arbeit unübersichtlich.

– Sind in einem Text Wörter in Anführungszeichen gesetzt, so
  werden diese im Zitat in einfache Anführungszeichen umge-
  wandelt. Ein Beispiel:

  Originaltext: *„Mit derart „flotten Sprüchen" kann man sich als „zeit-*
  verbunden" und „realitätsnah" selbst darstellen." *(Sandig 2007, 163)*

  Zitat: *Nach Sandig (2007, 163) kann man sich „mit derart ‚flotten*
  Sprüchen' […] als ‚zeitverbunden' und ‚realitätsnah' selbst darstellen."

– **Typographische Hervorhebungen** wie Unterstreichungen, Fettdruck oder Sperrungen werden im Zitat in Fettdruck wiedergegeben. Kursivsetzungen bleiben erhalten. Sofern es für den Sinn
  einer Aussage nicht relevant ist, können diese Hervorhebungen
  im Zitat auch getilgt werden. Dann müssen Sie jedoch durch den
  Zusatz *ohne Hervorhebung* im Zitatstellenbeleg (nach der Seitenzahl) deutlich machen, dass Sie eine solche Veränderung vorgenommen haben: z.B. *(Janich 1999, 45; ohne Hervorhebung).*

– Umgekehrt ist es zulässig, typographische Hervorhebungen im
  Zitat vorzunehmen, die im Original nicht enthalten sind.

66   1. Grundlegendes zum wissenschaftlichen Formulieren

Dann ist ebenfalls ein klärender Hinweis im Zitatstellenbeleg notwendig: Üblich ist die Angabe *Hervorhebung*, gefolgt von den eigenen Initialen, also z.B. *(Janich 1999, 45; Hervorhebung S.K.)*. Das bedeutet sinngemäß: „Diese Hervorhebung stammt von mir, dem Verfasser des vorliegenden Texts".

– Weist ein Originaltext einen **Rechtschreibfehler** auf, so darf dieser nicht einfach korrigiert werden (ja – „buchstabengetreu" gilt auch in diesem Fall!). Um anzuzeigen, dass der Fehler im Original enthalten ist, setzt man unmittelbar hinter das fehlerhafte Wort in eckigen Klammern den Hinweis *[sic]*. Das ist lateinisch und heißt soviel wie: *So* („genau so steht es da").

– Texte, die älteren Rechtschreibregeln folgen, also z.B. alle Texte, die vor der **Rechtschreibreform** von 1996 entstanden sind, werden ebenfalls buchstabengetreu zitiert, wobei die Abweichungen **nicht als Rechtschreibfehler** behandelt werden. In manchen Arbeiten wird die ältere Rechtschreibung auch in Zitaten an die aktuelle Regelung angepasst. Diese Verfahrensweise sollte aber dann am Anfang der Arbeit (z.B. in einer kommentierenden Fußnote) ausdrücklich angekündigt werden.

1.15 Titel und Überschriften

Titel und Überschriften haben die Aufgabe, dem Leser eine Vorstellung davon zu vermitteln, worum es inhaltlich in einer Arbeit oder einem Kapitel geht. Die größte Schwierigkeit bei der Formulierung von Titeln und Überschriften besteht darin, inhaltlich aussagekräftig, aber zugleich knapp und bündig zu formulieren.

Titel von Arbeiten:

In vielen Fällen ist die Titelformulierung bereits durch die Themenstellung Ihres Dozenten/Lehrers vorgegeben. Fehlen exakte Vorgaben zu Thema und Inhalt einer Arbeit, sollten Sie auf jeden Fall Rücksprache mit Ihrem Dozenten/Lehrer halten: Wie weit soll das Thema gefasst werden, welche Eingrenzungen werden vorgenommen, was ist der thematische Schwerpunkt der Arbeit, welche Literatur ist für das Thema relevant...? Wenn diese Fragen geklärt sind, sollte man sich **gemeinsam** auf eine genaue Titelformulierung für die Arbeit verständigen. Ein solches Vorgehen dient der gegenseitigen Absicherung, beugt Missverständnissen und Ärger vor („*Das war doch gar nicht Ihr Thema...*" – „*Aber Sie haben doch gesagt, dass...*" usw.). Falls es noch Unklarheiten bei der Planung gibt, wird das spätestens jetzt deutlich.

Für Titel gilt grundsätzlich, dass sie das zentrale Thema bzw. den inhaltlichen Schwerpunkt einer Arbeit benennen müssen. Nebenthemen müssen nicht aufgeführt werden, sie können beispielsweise in der Einleitung oder im Vorwort genannt und erläutert werden.

Allzu kurze Titel sind in der Regel zu allgemein und damit unpräzise. Wer seine Arbeit mit *Der Dreißigjährige Krieg* betitelt, weckt Erwartungen, die von einer 15-seitigen Hausarbeit nicht einzulösen sind, wenn ein Mindestmaß an wissenschaftlicher Tiefe erreicht werden soll. Präzisieren Sie entsprechend Ihres Themenschwerpunktes:

Der Einfluss der schwedischen Feldartillerie auf den Verlauf des Dreißigjährigen Krieges nach 1635

Umgekehrt sind Formulierungen wie die folgende inhaltlich hochpräzise, aber zu sperrig:

☹ *Zur Konzeption und Wirksamkeit von Programmen für Kinder mit Migrationshintergrund zur Erleichterung des Übergangs vom Kindergarten in die Grundschule seit 1990 unter besonderer Berücksichtigung der Bundesländer Nordrhein-Westfalen und Baden-Württemberg*

Hier sollte man eine Kürzung vornehmen. Ist wie in diesem Fall das Hauptthema sehr komplex, bietet sich eine Teilung des Titels in Haupt- und Untertitel an. Der Haupttitel ist dabei kürzer und allgemeiner gehalten, der Untertitel ist ausführlicher und präzisiert das Thema. Im vorliegenden Fall könnte der Haupttitel lauten:

Der Übergang vom Kindergarten in die Grundschule

oder

Die Erleichterung des Übergangs vom Kindergarten in die Grundschule

68   1. Grundlegendes zum wissenschaftlichen Formulieren

Möglich wäre auch eine Formulierung als Frage:

Wie kann der Übergang vom Kindergarten in die Grundschule erleichtert werden?

Alle weiteren Aspekte könnten in den Untertitel aufgenommen werden:

Zur Konzeption und Wirksamkeit von Programmen für Kinder mit Migrationshintergrund seit 1990 unter besonderer Berücksichtigung der Bundesländer Nordrhein-Westfalen und Baden-Württemberg

Häufig finden sich einleitende Wendungen, die zusätzlich den wissenschaftlichen Charakter der Arbeit verdeutlichen:

Eine Studie zu Programmen für Kinder und Jugendliche…
Eine Untersuchung zu Programmen für Kinder und Jugendliche…
Eine Übersicht über Programme für Kinder und Jugendliche…

Die folgenden Einleitungen sind (fast immer) **ungeeignet**, weil eine so betitelte Arbeit leicht den Eindruck von Unwissenschaftlichkeit erweckt:

Überlegungen zu…
Anmerkungen zu…
Reflexionen über…
Annäherung an…

Ein Haupttitel kann durchaus auch als „Attraktivmacher" genutzt werden, z.B. mit Hilfe eines typischen Beispiels oder eines prägnanten Zitats, das zum Thema hinführt. Der Untertitel beschreibt dann, worum es genau geht:

„Gespielt wie Flasche leer" –
Der Einfluss von Medienereignissen auf das Sprachverhalten von Jugendlichen

„Glotzen ist nicht sehen!" –
Zur Dramaturgie von Erkenntnisprozessen in Brechts Epischem Theater

Steinlaus und Jodeldiplom –
Didaktisches Potenzial von Loriots Wissenschaftsparodien im Unterricht der Sekundarstufe II

Kommen in einer Titelformulierung andere Titel vor (von literarischen Werken, Opern, Filmen etc.), dann werden diese entweder kursiv oder in Anführungszeichen gesetzt:

Die Natursymbolik in Theodor Storms Novelle „Draußen im Heidedorf"

Überschriften von Kapiteln:

Auch Kapitelüberschriften haben orientierende Funktion, das heißt, der Leser muss anhand der Überschrift einschätzen können, worum es inhaltlich gehen wird.

Tipp:

Leider kommt es gar nicht so selten vor, dass eine Überschrift und der nachfolgende Text eines Kapitels nicht zueinander passen. Es empfiehlt sich daher, nach Abschluss eines Kapitels noch einmal genau zu prüfen, ob die Überschrift auch genau den thematischen Kern eines Kapitels „getroffen" hat. Ist dies nicht der Fall, dann sind Sie entweder bei der Abfassung des Kapitels „vom Weg abgekommen" oder die Überschrift war von vornherein unglücklich formuliert. Eins von beidem – Überschrift oder Text – muss dann überarbeitet werden.

Überschriften wie

Grundlagen
Weitere Überlegungen
Aspekte der Forschung

sind zwar kurz, aber inhaltlich nicht sehr aussagekräftig. Der Leser weiß also bei einer solchen Überschrift nicht genau, welche Inhalte ihn erwarten. Wie bei den Titeln sollten auch bei Überschriften allzu umfangreiche Formulierungen vermieden werden. Detailerläuterungen zu einer Überschrift können, sofern sie notwendig sind, in Form eines einleitenden Textkommentars geboten werden (z.B.: *In diesem Kapitel soll der Schwerpunkt auf den Aspekt… gelegt werden*).

70   1. Grundlegendes zum wissenschaftlichen Formulieren

⊗ *Gattungsgeschichtliche Kontinuität, politische Zeitbezogenheit und soziale Anklage in Marieluise Fleißers Volksstück „Fegefeuer in Ingolstadt"*

Lange Überschriften resultieren oft daraus, dass (zu) viele verschiedene Aspekte untergebracht werden sollen, weil die überschriebenen Kapitel entsprechend facettenreich sind. Es ist zu prüfen, ob es für die klare Struktur einer Arbeit nicht sinnvoller ist, solche Kapitel in drei einzelne mit jeweils eigenen Überschriften aufzulösen:

4.   Marieluise Fleißers Volksstück „Fegefeuer in Ingolstadt"
4.1 Die Frage nach der gattungsgeschichtlichen Kontinuität
4.2 Die politische Zeitbezogenheit
4.3 Die soziale Anklage

Auch wenn sie in der Sache gerechtfertigt ist: Allzu große Monotonie bei der Formulierung von Überschriften wirkt immer etwas ungelenk:

2.   Auswertung der Versuchsansätze
2.1 Auswertung des ersten Versuchsansatzes
2.2 Auswertung des zweiten Versuchsansatzes
2.3 Auswertung des dritten Versuchsansatzes
2.4 Auswertung des vierten Versuchsansatzes

Manchmal kann es in solchen Fällen geschickter sein, diese Unterteilungen in Einzelkapitel zugunsten eines einzigen, umfangreicheren Kapitels – ohne Zwischenüberschriften – aufzulösen, das jedoch in der ursprünglichen Untergliederung belassen wird.

Falls dies nicht möglich ist (z.B. weil das Kapitel dadurch zu unübersichtlich wird), versuchen Sie, die jeweiligen Unterschiede zwischen den Kapiteln (hier: die Versuchsansätze) in den Überschriften herauszustellen. Dadurch können Sie zumindest ein wenig Variation und oft auch mehr Präzision erreichen:

2.   Auswertung der Versuchsansätze
2.1 Reaktion mit Salzsäure
2.2 Reaktion mit Phosphorsäure
2.3 Reaktion mit Schwefelsäure
2.4 Reaktion mit Salpetersäure

2. Formulierungsmuster für wissenschaftliche Erkenntnisprozesse

Hier finden Sie zunächst eine Sammlung typischer Formulierungsmuster der allgemeinen Wissenschaftssprache. In den nachfolgenden Kapiteln sind viele dieser Formulierungsmuster nach Funktionen geordnet. Die konkrete Verwendungsweise in wissenschaftlichen Texten wird jeweils anhand von Beispielen verdeutlicht.

– anderer / gleicher / ähnlicher **Ansicht** sein
– der Ansicht sein
– eine Ansicht äußern / darlegen
– eine Ansicht teilen / unterstützen
– eine Ansicht vertreten
– einer Ansicht widersprechen

– **Argumente** anführen
– Argumente austauschen
– Argumente liefern
– Argumente nennen
– Argumente stützen
– Argumente vorbringen
– Argumente widerlegen
– Argumenten widersprechen
– einer Argumentation folgen

– anderer / gleicher / ähnlicher **Auffassung** sein
– der Auffassung sein

– eine Auffassung teilen
– eine Auffassung unterstützen
– eine Auffassung vertreten
– einer Auffassung widersprechen

– den **Ausschlag** für etwas geben
– ausschlaggebend sein

– an **Bedeutung** gewinnen / verlieren
– von geringer / großer / herausragender / zentraler Bedeutung sein
– Bedeutung zukommen

– **Bedingungen** schaffen
– Bedingungen vorfinden

– eine **Begründung** liefern

– wichtiger **Bestandteil** sein

72 2. Formulierungsmuster

- ein integraler Bestandteil sein
- einen integralen Bestandteil darstellen

- in **Betracht** kommen
- in Betracht ziehen

- **Daten** auswerten
- Daten erfassen / erheben / ermitteln / gewinnen / sammeln
- Daten liefern
- Daten vergleichen

- **Defizite** aufweisen
- Defizite beklagen
- Defizite bestehen
- Defizite erkennen
- Defizite verringern
- defizitär sein

- ein **Desiderat** besteht
- ein Desiderat darstellen
- ein Desiderat sein

- eine **Differenzierung** vornehmen
- etwas differenziert betrachten / sehen

- an **Einfluss** gewinnen / verlieren
- Einfluss geltend machen
- Einfluss haben

- eine **Entscheidung** begründen
- zu einer Entscheidung finden / kommen
- eine Entscheidung treffen

- eine **Entwicklung** beobachten
- eine Entwicklung fördern
- einer Entwicklung gegensteuern

- **Erfolg** haben
- Erfolg versprechen / Erfolg versprechend sein
- erfolgreich sein

- ein **Ergebnis** ableiten
- ein Ergebnis darstellen
- ein Ergebnis erzielen
- ein Ergebnis liefern
- ein Ergebnis sichern

- eine **Erkenntnis** ableiten
- eine Erkenntnis fördern
- eine Erkenntnis gewinnen
- eine Erkenntnis setzt sich durch

- eine **Erklärung** bieten / liefern
- eine Erklärung finden

- in **Erwägung** ziehen

- als **erwiesen** gelten

2. Formulierungsmuster 73

- **Fortschritte** beobachten /
  erkennen
- Fortschritte erzielen

- eine **Frage** aufwerfen
- eine Frage beantworten
- eine Frage klären
- einer Frage nachgehen
- eine Frage stellen
- eine Frage stellt sich
- etwas in Frage stellen

- der **Grund** für etwas sein
- Gründe anführen
- Gründe darlegen
- Gründe nennen

- **Handlungsbedarf** besteht
- Handlungsbedarf erkennen /
  sehen

- einen **Hinweis** auf etwas
  geben / liefern
- einem Hinweis nachgehen
- einen Hinweis verfolgen

- eine **Hypothese** absichern
- eine Hypothese aufstellen
- eine Hypothese bestätigen
- eine Hypothese formulieren
- eine Hypothese verwerfen
- eine Hypothese wider-
  legen

- **Kritik** äußern / üben

- eine **Lösung** anbieten /
  aufzeigen / skizzieren
- eine Lösung anstreben
- eine Lösung darstellen
- eine Lösung herbeiführen
- eine Lösung verhindern
- einen Lösungsweg aufzeigen / skizzieren

- **Maßnahmen** anwenden
- Maßnahmen erfordern
- Maßnahmen ergreifen
- Maßnahmen erproben
- Maßnahmen greifen

- anderer / gleicher /
  ähnlicher **Meinung** sein
- der Meinung sein
- eine Meinung äußern
- eine Meinung teilen
- eine Meinung vertreten

- eine **Methode** anwenden
- eine Methode entwickeln
- eine Methode erproben
- eine Methode verfeinern
- eine Methode weiterentwi-
  ckeln

- **Missverständnisse**
  ausräumen
- sich missverständlich
  ausdrücken
- missverständlich sein

- **Nachteile** aufweisen

74   2. Formulierungsmuster

- Nachteile bestehen
- von Nachteil sein
- sich nachteilig auswirken

- einen **Nachweis** erbringen / liefern
- einen Nachweis führen

- zu einer **Neubewertung** führen
- zu einer Neubewertung veranlassen

- eine **Position** darlegen / darstellen
- eine Position erläutern
- eine Position teilen
- eine Position vertreten
- sich einer Position anschließen
- einer Position widersprechen

- ein **Problem** aufwerfen
- ein Problem aufzeigen
- ein Problem bereiten
- ein Problem besteht
- ein Problem darstellen
- ein Problem lösen
- ein Problem sehen

- einen **Schluss** nahelegen
- einen Schluss zulassen
- einen Schluss / Schlüsse aus etwas ziehen

- einen **Schwerpunkt** bilden
- den Schwerpunkt auf etwas legen
- einen Schwerpunkt setzen
- ein Schwerpunkt sein

- **Schwierigkeiten** bereiten
- Schwierigkeiten bestehen
- Schwierigkeiten sehen
- Schwierigkeiten überwinden

- einen **Standpunkt** darlegen
- einen Standpunkt erläutern
- einen Standpunkt teilen
- einen Standpunkt vertreten

- einen hohen / geringen **Stellenwert** besitzen

- eine **These** aufstellen
- eine These bestätigen
- eine These formulieren
- eine These vertreten
- eine These widerlegen

- **Ursache** sein / ursächlich sein
- als Ursache in Frage kommen
- etwas als Ursache / ursächlich anführen / nennen

- eine **Verbindung** aufzeigen
- eine Verbindung herstellen

2.1 Einleiten **75**

- mit etwas in Verbindung stehen

- etwas **voneinander abgrenzen**

- **Vorteile** bieten
- einen Vorteil darstellen
- von Vorteil sein
- Vor- und Nachteile abwägen / gegenüberstellen

- ein **Ziel** anstreben
- etwas zum Ziel haben
- ein Ziel erreichen

- einen **Zusammenhang** aufzeigen / herstellen
- ein Zusammenhang besteht
- einen Zusammenhang erkennen / sehen

2.1 Einleiten

Worum geht es in der Arbeit überhaupt?

- in dieser Arbeit (Untersuchung...) wird – dargestellt / thematisiert / untersucht...
- die Arbeit (Untersuchung...) befasst sich mit
- die Arbeit (Untersuchung...) thematisiert
- die Arbeit (Untersuchung...) wendet sich… zu
- die Arbeit (Untersuchung...) widmet sich
- Gegenstand / Thema – der Arbeit (Untersuchung...) ist
- es geht in dieser Arbeit (Untersuchung...) um...

Beispiele:

Die vorliegende ***Arbeit befasst sich mit*** *Möglichkeiten, Chancen und Risiken einer gezielten Nachfragesteuerung bei privaten Stromkunden.*

Gegenstand *der Untersuchung* ***ist*** *das Investitionsverhalten von kleineren und mittleren Unternehmen in den Jahren 2000 bis 2003.*

Es geht in dieser Arbeit um *die Frage, wie passives Textmusterwissen von Schülerinnen und Schülern für die Schreibdidaktik nutzbar gemacht werden kann.*

76   2. Formulierungsmuster

„In diesem Teilprojekt werden *die Inanspruchnahme von Gesundheitsleistungen und die Verteilung des Gesundheitszustandes nach Einkommen* *untersucht."* (Leu/Schellhorn 2008, 3)

Religion und Mystik im lyrischen Werk Clemens Brentanos *ist das Thema der vorliegenden Hausarbeit.*

2.2 Ziele festlegen

Was soll mit der Arbeit erreicht werden?

- das Anliegen der Arbeit (Untersuchung...) ist
- in / mit – dieser Arbeit (Untersuchung...) soll
- in der – folgenden / vorliegenden – Arbeit (Untersuchung...) soll
- die Arbeit (Untersuchung...) hat das Anliegen
- die Arbeit (Untersuchung...) – hat zum Ziel / verfolgt das Ziel
- im Folgenden – soll / wird
- im Rahmen dieser Arbeit (Untersuchung...) soll
- Ziel / Zielsetzung – der Arbeit (Untersuchung...) ist

Beispiele:

In dieser Arbeit soll *die Leistungsfähigkeit beider Systeme verglichen und kritisch bewertet werden.*

Im Rahmen dieser Arbeit soll *zugleich ein Überblick über die jüngere Forschungsliteratur zu Benns später Lyrik gegeben werden.*

„Im Folgenden sollen *die Ergebnisse der inhaltlichen Bewertung als Grundlage einer nationalen Leitlinie „Asthma bronchiale" zusammengefasst werden."* (Thole et al. 2004, 166)

Das Anliegen *der vorliegenden Arbeit* *ist* *die Erhebung von Daten zum Suchtmittelkonsum von Jugendlichen in ländlichen Regionen.*

Ziel der Arbeit ist es, ein Versuchsarrangement zur Ermittlung von Prototypenkonzepten zu entwerfen und hinsichtlich seiner praktischen Anwendbarkeit zu erproben.

*Die Untersuchung **hat zum Ziel**, die Ausnutzung von Lagerkapazitäten zu optimieren.*

*„Die folgenden Überlegungen **verfolgen** zwei hauptsächliche **Ziele:** [...]."*
(Burger 2003, 33)

Thema und Zielsetzung einer Arbeit: Hilfreiche Verben / Verbalausdrücke

- *analysieren*
- *aufzeigen*
- *auswerten*
- *begründen*
- *beschreiben*
- *bestimmen*
- *bewerten*
- *charakterisieren*
- *darlegen*
- *darstellen*
- *diskutieren*
- *dokumentieren*
- *einer Frage nachgehen*
- *einordnen*
- *entwerfen*
- *entwickeln*
- *erarbeiten*
- *ergänzen*
- *erheben*
- *erhöhen*

- *erklären*
- *ermitteln*
- *erörtern*
- *erproben*
- *erstellen*
- *erweitern*
- *evaluieren*
- *feststellen*
- *gegenüberstellen*
- *implementieren*
- *interpretieren*
- *klassifizieren*
- *konstruieren*
- *kontrastieren*
- *maximieren*
- *minimieren*
- *nachvollziehen*
- *nachweisen*
- *optimieren*
- *präsentieren*
- *reduzieren*

- *steigern*
- *strukturieren*
- *systematisieren*
- *überprüfen*
- *eine Übersicht geben*
- *untersuchen*
- *vereinfachen*
- *vergleichen*
- *verringern*
- *vorstellen*
- *widerlegen*
- *zeigen*
- *zusammenfassen*
- *einen Zusammenhang herstellen*
- *zusammenstellen*

2.3 Schwerpunkte setzen

Welcher Aspekt ist besonders wichtig?

- Akzente / Schwerpunkte – setzen
- von – besonderer / großer – Bedeutung sein

78   2. Formulierungsmuster

- große / besondere – Bedeutung zukommen
- besonderes Gewicht / besonderen Wert – legen auf
- von besonderem Interesse sein
- sich konzentrieren auf
- im Mittelpunkt / im Zentrum – stehen
- den Schwerpunkt legen auf
- im Vordergrund stehen / in den Vordergrund stellen
- im Wesentlichen

Beispiele:
Besondere Bedeutung kommt dem Aspekt der Risikodiversifikation **zu**.

Besonderes **Gewicht wird** in der Arbeit **auf** die Dokumentation makroökonomischer Prozesse **gelegt**.

„**Von besonderem Interesse** in dieser Untersuchung **ist** die Frage, ob die Einführung des KVG messbare Unterschiede in der einkommensbezogenen Inanspruchnahme von Gesundheitsleistungen zur Folge hatte." (Leu/ Schellhorn 2008, 5)

„Der folgende Beitrag **konzentriert sich im Wesentlichen auf** die Darstellung der Ergebnisse der in den USA und Japan durchgeführten Untersuchungen." (Halbritter/Fleischer/Kupsch 2005, 3)

Im Mittelpunkt soll die Frage nach der Verlässlichkeit von Dosierungsempfehlungen für Medikamente in der Pädiatrie **stehen**.

„In den meisten Kapiteln **liegt** daher der **Schwerpunkt** […] **auf** der Diskussion und Klärung problematischer Fachbegriffe […]." (Janich 1999, 8)

In der Arbeit **wird besonderer Wert auf** eine adäquate Berücksichtigung der Situation von mittelständischen Familienunternehmen gelegt.

Im Zentrum der Untersuchung **steht** der Briefwechsel zwischen Karoline von Günderode und Friedrich Creuzer.

2.4 Definieren

Wie wird ein bestimmter Begriff verwendet?

- etwas auffassen als
- als X wird – bestimmt / bezeichnet
- X bezieht sich auf
- X – ist / wird – definiert als
- X wird – gebraucht für / verwendet für
- zu X gehört
- mit X ist gemeint
- zu X wird… gezählt
- bei X handelt es sich um
- das heißt (d.h.)
- unter X – versteht man / verstehe ich

Beispiele:

*„**Unter** Inferenzen **verstehe ich** kognitive Prozeduren, die durch Textmerkmale stimuliert werden […].“* (Pohl 2005, 1865)

*„Unter körperlichem Training **versteht man** systematische, wiederholte und gezielte motorische Aktivitäten […].“* (Jeschke/Zeilberger 2000, 1374)

***Mit** dem Begriff „Kollokation“ **ist** der Gesamtbereich der nichtidiomatischen Phraseologie **gemeint**.*

*„Mehr als die Hälfte der Menschen über 65 Jahre leiden an einer chronischen Hypertonie, **definiert als** Blutdruck (BD) ≥ 140/90 mmHg.“* (Obermayr/Tragl 2004, 15)

*Die Bezeichnung „Text“ **bezieht sich** in dieser Arbeit nur **auf** satzübergreifende Strukturen.*

*Der Begriff „Mutation“ **wird** in dieser Arbeit allgemein **für** ungerichtete Erbgutveränderungen **gebraucht**.*

*„**Mit** der Unterscheidung von „kennen“ und „gebrauchen“ **ist gemeint**, dass die Sprecher einen Ausdruck vielleicht kennen, ihn aber […] nicht selber gebrauchen würden.“* (Burger 2003, 16)

80   2. Formulierungsmuster

Als Experte für sein Fach **wird bestimmt**, wer durch eine spezielle Ausbildung fachspezifische Kompetenzen für einen eng umgrenzten Arbeitsbereich erworben hat.

Zu den Kurzwörtern **werden** in dieser Arbeit uni- und multisegmentale Einheiten sowie Kontaminationen **gezählt**.

„Die Fachkommunikation, **d.h.** der Sprachgebrauch innerhalb von Wissenschaft und Technik, ist vor allem darstellungsfunktional geprägt […].“ (Roelcke 1991, 194)

2.5 Forschungsstand und -entwicklung referieren

Wie kann man den Verlauf der Forschung beschreiben?

- (noch) am Anfang stehen
- Anlass geben zu
- Anregungen geben
- einen Aufschwung – erfahren / erleben
- einen (breiten) Ausbau erfahren
- Ausgangspunkt sein für
- ausgehen von
- (kontrovers) diskutieren
- Einigkeit – besteht / herrscht (über)
- einsetzen (Entwicklung, Erforschung…)
- sich entwickeln
- eine Entwicklung – durchmachen / nehmen
- (derzeitiger) Erkenntnisstand
- expandieren
- in der Folgezeit
- Forschungsaktivitäten – entfalten / lassen nach / nehmen zu
- grundlegend sein für
- grundlegende Werke / Grundlagenwerke
- Interesse wecken
- im Mittelpunkt / Zentrum – (des Interesses) stehen
- das Interesse – konzentriert sich / richtet sich / verlagert sich auf
- einen Schwerpunkt des Interesses bilden

2.5 Forschungsstand und -entwicklung referieren   81

- weit vorangeschritten sein
- Fortschritte machen
- (neue) Erkenntnisse gewinnen
- (neue) Impulse – erhalten / geben
- richtungweisend / wegweisend sein
- richtungweisende / wegweisende – Funktion – haben / übernehmen
- ein Standardwerk (sein)
- einen Wandel vollziehen
- sich etwas zuwenden

Beispiele:
Die linguistische Beschäftigung mit der deutschen Fachsprache der Medizin **setzt** *Ende der 60er Jahre* **ein.**

Neue bildgebende Verfahren **gaben Anlass zu** *einer kritischen Überprüfung der bis dahin gängigen Therapiepraxis.*

*„***Einigkeit herrscht darüber,** *dass die Blutkoagulabilität durch Lokalanästhetika moduliert werden kann, die klinische Bedeutung wird jedoch* **kontrovers diskutiert.***"* (Hübler/Albrecht 2000, 905)

Die Forschungsaktivitäten zur interkulturellen Kommunikation Deutsch-Russisch **erfahren** *nach 1990* **einen breiten Ausbau.**

*„***Nach derzeitigem Erkenntnisstand** *können dabei zumindest drei unterschiedliche Mechanismen von Bedeutung sein [...]."* (Ziegenfuß 2000, 105)

*„***In der Folgezeit** *wurde ein Derivat mit besserem Nebenwirkungsprofil [...] entwickelt."* (Huber/Andreesen 2000, S34)

„Das erste **grundlegende Werk,** *das sich germanistisch mit der Werbesprache auseinandersetzt, ist Ruth Römers 1968 erstmals erschienene Monographie [...]."* (Janich 1999, 12)

Fragen der Gegenstandsbestimmung und Klassifikation **standen** *in den 70er Jahren* **im Zentrum der** *phraseologischen Forschung. In den Folgejahren* **verlagerte sich der Schwerpunkt** *des linguistischen* **Interesses** *von strukturellen* **auf** *pragmatische Fragestellungen.*

82　2. Formulierungsmuster

„Seit den aufsehenerregenden randomisierten und kontrollierten Studien von Ornish et al. und Schuler et al. **konzentrierte sich** *im letzten Jahrzehnt* **das Interesse** *zunehmend* **auf** *den koronarsklerotischen Grundprozess."* (Jeschke/Zeilberger 2000, 1376)

Einen entscheidenden **Impuls erhielt** *die Fachsprachenforschung zu Beginn des vorigen Jahrhunderts von den Wirtschaftswissenschaften.*

Die Arbeit zählt zu den **Standardwerken** *auf diesem Gebiet hat in vielerlei Hinsicht orientierende und* **richtungsweisende Funktion** *für die weitere wirtschaftwissenschaftliche Forschung übernommen.*

Die Forschungen zur Struktur von Biomembranen **sind** *in den vergangenen zwanzig Jahren* **weit vorangeschritten.**

„Bis vor kurzem waren Magenspülung und provoziertes Erbrechen Standardtherapie bei allen Patienten mit oraler Vergiftung. Hier hat sich im Laufe der letzten Jahre **ein Wandel vollzogen.**" (Weilemann 2000, 1071)

Der noch junge Zweig der Gesprächslinguistik **wendet sich** *zunehmend auch der Analyse von Fachgesprächen* **zu.**

2.6 Problematisieren I: Forschungslücken aufzeigen

Was muss noch (genauer) erforscht werden?

– bisher / bislang / derzeit / noch / nach wie vor / zurzeit / zum jetzigen Zeitpunkt – fehlen / unerforscht sein / ungeklärt sein / unklar sein / nicht untersucht sein
– … ist / wäre – zu – ermitteln / prüfen / untersuchen
– sollte / müsste – geprüft / untersucht… werden
– noch unzureichend / ungenügend / noch nicht (systematisch) – beschrieben / betrachtet / erfasst / geprüft / überprüft / untersucht – sein
– Desiderate bestehen
– ein Desiderat – darstellen / bleiben / sein
– (kontrovers) diskutieren
– Forschungslücken / Forschungsdefizite – bestehen / offenbaren sich / treten zu Tage

Beispiele:

„Da Partikeln Sprechereinstellungen zum Ausdruck bringen können [...], **wäre zu prüfen,** *ob sie sich nicht auch in der Werbung zum Auflockern und zur subjektiven Parteinahme eignen."* (Janich 1999, 98)

„Um die Ergebnisse als repräsentativ ansehen zu können, **müssten** *diese Fragestellungen unterstützend an weiteren Anzeigen und anderen Produktgruppen* **untersucht werden."** (ebd., 131)

„Was in manchen Arbeiten anklingt, aber **noch nicht systematisch betrachtet** *wurde, ist die diachrone Entwicklung von Hochwertwörtern [...]."* (ebd., 116)

„Auch wurde **bisher** *nur* **ungenügend geprüft,** *inwieweit durch längerfristige TGS-Aufnahme beim Menschen adaptative Prozesse im Gastrointestinum eine Spaltung zu toxikologisch relevanten TGS-Metaboliten auslösen können."* (BgVV 1994, 2)

„Wie aus den Ausführungen deutlich geworden ist, **fehlen noch** *systematische Studien zum Dialektgebrauch in der bundesdeutschen Werbung."* (Janich 1999, 165)

„Einigkeit herrscht darüber, dass die Blutkoagulabilität durch Lokalanästhetika moduliert werden kann, die klinische Bedeutung wird jedoch **kontrovers diskutiert."** (Hübler/Albrecht 2000, 905)

Der genaue Pathomechanismus dieser Autoimmunerkrankung **ist zum jetzigen Zeitpunkt noch** *weitgehend* **ungeklärt.**

„Eine umfassende Darstellung der Geschichte der Fachsprachen und Fachliteratur **ist** *weiterhin* **ein** *wichtiges* **Desiderat** *sprach- und texthistorischer Forschungen."* (Fluck 1996, 190)

2.7 Problematisieren II: Fokussieren / Überleiten

Wie kann man zu einer neuen Fragestellung überleiten?

– das Augenmerk – lenken / richten – auf
– etwas in den Blick nehmen
– den Blick – lenken / richten – auf

84   2. Formulierungsmuster

- in das Blickfeld rücken
- etwas – genauer / näher – betrachten / beleuchten
- es – ergibt sich / stellt sich – die Frage
- etwas in Frage stellen
- eine Frage drängt sich auf
- sich einer Frage zuwenden
- im / in – Hinblick auf
- hinsichtlich
- nachfolgend / im Folgenden / im Weiteren
- etwas als – Problem / Schwierigkeit – ansehen / erkennen
- ein Problem – darstellen / ergibt sich / stellt sich
- problematisch sein
- eine Schwierigkeit darstellen
- mit – Schwierigkeiten / Unsicherheiten – verbunden sein

Beispiele:
Nach dieser generellen Übersicht über die Geschichte des Kabaretts bis 1933 **soll im Folgenden** *die Entwicklung des Kabaretts in der Zeit der NS-Diktatur* **näher betrachtet werden.**

Richtet *man nun* **den Blick auf** *das Fach Medizin, so stellt sich die Frage nach der Anwendbarkeit der vorgestellten Modelle auf die medizinische Fachsprache.*

Vor dem Hintergrund der jüngsten Entwicklungen **drängt sich die Frage auf,** *inwieweit die Empfehlungen zur medikamentösen Therapie von Ulkuserkrankungen modifiziert werden müssen.*

„Da die intertextuellen Bezugnahmen auf andere Werbetexte immer häufiger werden, **stellt sich** *besonders* **die Frage,** *wie es mit der wettbewerbsrechtlichen Problematik und dem Ideenschutz aussieht […]."* (Janich 1999, 172)

„Dieses Vorgehen wird immer stärker **in Frage gestellt.** *So empfiehlt Aenne Döpp-Woesler (1978), bei der Gesundheitserziehung von Realsituationen des persönlichen Alltags der Schüler auszugehen […]."* (Eschenhagen et al. 1985, 135)

Ausgehend von den vorangegangenen Erläuterungen **wende** *ich* **mich im Weiteren der Frage zu,** *ob durch den Einsatz moderner Filtersysteme die Wartungsanfälligkeit der Anlagen reduziert werden kann.*

Angesichts der gegenwärtigen Situation **stellt sich das Problem,** *wie eine effiziente und nachhaltige Information der Bevölkerung gewährleistet werden kann.*

Auch wenn inzwischen zahlreiche wirksame Medikamente zur Verfügung stehen, **ist** *die Ermittlung pädiatrischer Dosen nach wie vor* **mit Schwierigkeiten verbunden.**

2.8 Bezüge herstellen / Zitate einleiten

Wie kann man auf andere Autoren / Arbeiten verweisen?

– jemand betont / hebt hervor / stellt fest / räumt ein…

<u>weitere gängige Verben:</u>

– anführen	– beschreiben	– einfordern	– klarstellen
– anmahnen	– bestimmen	– einräumen	– kritisieren
– anmerken	– betonen	– erklären	– meinen
– annehmen	– darlegen	– festhalten	– schreiben
– argumentieren	– darstellen	– feststellen	– verweisen auf
– zu Bedenken geben	– deutlich machen	– hervorheben	
		– hinweisen auf	

– in Anlehnung an
– eine – Auffassung / Meinung / Position – vertreten
– unter – Berufung / Bezugnahme – auf
– sich – beziehen / berufen / stützen – auf
– jemandem folgen
– jemand – gelangt / kommt – zu – dem Ergebnis / der Feststellung / der Überzeugung…
– mit (+ Name)
– nach (+ Name)
– nach Angabe (von)

86 2. Formulierungsmuster

– sich orientieren an
– im Sinne von
– zu etwas Stellung – beziehen / nehmen
– Stellungnahme zu
– verweisen auf

Beispiele:

*Wie der Autor selbst **einräumt**, ist mit der derzeitigen Normausstattung von Rettungsmitteln in Deutschland eine zuverlässige präklinische Diagnostik bei Abdominaltraumen nicht zu gewährleisten.*

*Die Autorin **weist** in diesem Zusammenhang **darauf hin**, dass von einer weiteren Destabilisierung der Märkte auszugehen ist.*

***Unter Berufung auf** die in Kap. 1 beschriebenen Forschungsansätze wird auch in dieser Arbeit von einer Interdependenz sozialer und ökonomischer Bedingungen ausgegangen.*

*Die Klassifizierung der ermittelten Belege **folgt** der Systematik von Burger (2003).*

*Insofern erscheint es angezeigt, Reproduzierbarkeit **mit Fleischer** (1997, 64) als „abgeleitetes Merkmal" aufzufassen.*

*Die Substanz zeichnet sich **nach** Hersteller**angaben** durch eine relativ große Stabilität aus, und zwar sowohl bei hohen Temperaturen als auch bei niedrigen pH-Werten.*

*Die Konzeption der Unterrichtsreihe **orientiert sich am** forschend-entwickelnden Unterrichtsgang nach Schmidkunz-Lindemann (2003).*

*„In einer **Stellungnahme zu** Döpp-Woeslers Vorschlägen nennt Hedewig (1980c, 11) noch eine Reihe weiterer Themenkreise [...]. Noch grundsätzlicher als Döpp-Woesler **bezieht** D. Blume (1973, 281) **zum** herkömmlichen Vorgehen **Stellung**. [...] Blume **beruft sich** dabei **auf** Glatzel, der feststellt [...]."* (Eschenhagen et al. 1985, 135f.)

*Für weitere Literatur sei **auf** die umfassende Forschungsbibliographie von Greule und Janich (1997) **verwiesen**.*

2.9 Vergleichen

Wie kann man Gemeinsamkeiten / Unterschiede zwischen Arbeiten / Sachverhalten deutlich machen?

– abweichen von
– anders als
– sich decken mit
– in Einklang stehen mit
– (einander) entsprechen
– zur selben / zu einer ähnlichen / abweichenden / anderen / vergleichbaren – Einschätzung – gelangen / kommen
– zum selben / zu einem ähnlichen / abweichenden / anderen / vergleichbaren – Ergebnis / Resultat – gelangen / kommen
– im Gegensatz zu
– im Gegensatz zu etwas stehen
– gegenüber / entgegen (+ Genitiv)
– Gemeinsamkeiten – ausmachen / erkennen / ermitteln / feststellen
– hinausgehen über
– ein Sonderfall sein / einen Sonderfall darstellen
– übereinstimmen mit
– Übereinstimmungen –aufweisen / erkennen / ermitteln / feststellen
– sich unterscheiden (von)
– Unterschiede – aufweisen / erkennen / ermitteln / feststellen
– im Unterschied zu
– während
– weiter gehen (als)
– sich widersprechen
– in Widerspruch – stehen zu / zueinander stehen

88 2. Formulierungsmuster

Beispiele:

*Die Ergebnisse der ersten und dritten Versuchsreihe **weichen** um 0,4 Punkte **voneinander ab.***

Anders als *in früheren Versuchen wird der CO_2-Gehalt des Wassers als weiterer Einflussfaktor in die Analyse einbezogen.*

*„Die Ergebnisse **decken sich mit** denen früherer Arbeiten von Schellhorn […].“* (Leu/Schellhorn 2008, 3)

*„Ihre klinische Forderung, die sich aus der Studie ableitet, […] **steht im Einklang mit** einer Vielzahl neuerer Studien, die die Bedeutung der Prähospitalphase bei der Therapie des SHT betonen […].“* (Krier/Kienzle 2000, 65)

Zu einem anderen Ergebnis kommt *Michael Duhme in seiner empirischen Untersuchung zur „Phraseologie der deutschen Wirtschaftssprache“ (1991).*

*Das von der Forschergruppe neu entwickelte Messprinzip kann **gegenüber** traditionellen Verfahren eine größere Zahl von Bewegungen pro Zeiteinheit registrieren.*

*„Die juristische Definition in der […] „Konvention über die Verhütung und Bestrafung des Völkermords“ legte den Begriff sehr weit aus und umfasst **entgegen** der deutschen Bezeichnung keineswegs nur den Mord: […].“* (Kundrus/Strotbek 2006, 402)

*In der aktualisierten Auflage ihres Lehrwerks **gehen** die Autoren **über** die bisherige Standarddiagnostik **hinaus,** indem sie zusätzlich eine computertomographische Untersuchung empfehlen.*

*„**Im Gegensatz zur** Konstruktion wird – wie wir gesehen haben – bei der Reduktion sprachliches „Material“ abgebaut. Dies passiert auch bei der Rückbildung. Die Rückbildung **ist** aber im Rahmen der Reduktion **ein Sonderfall,** der **im Unterschied zur** quasi-synchronen Kurzwortbildung diachron abläuft […].“* (Greule 1996, 199f.)

*„Obgleich die Notwendigkeit von Sexualerziehung in der Schule von nur wenigen bestritten wird, **unterscheiden sich** die Autoren doch hinsichtlich der Ziele, der Konzepte und der Abgrenzung zu familialer Sexualerziehung erheblich.“* (Eschenhagen et al. 1985, 140).

„Bezüglich der rechtlichen, institutionellen und organisatorischen Rahmenbedingungen **wurden** *erhebliche* **Unterschiede** *in den untersuchten Ländern* **festgestellt** *[…].“* (Halbritter et al. 2005, 1)

„Rapacuronium hat sich in dieser Hinsicht als geeignete Substanz erwiesen, da **im Unterschied zu** *den bisherigen nicht-depolarisierenden Muskelrelaxantien bereits bei tiefer Blockade erfolgreich antagonisiert werden kann.“* (Busley et al. 2000, 113)

*„***Während** *bei milden Formen der Herzinsuffizienz Thiaziddiuretika zum Einsatz kommen, werden bei fortgeschrittener Herzinsuffizienz vorwiegend schnell wirksame Schleifendiuretika eingesetzt.“* (Ebner 2004, 12)

Die ermittelten Vorkommenshäufigkeiten für Funktionsverbgefüge **stehen im Widerspruch zur** *vielfach vertretenen Auffassung, diese Einheiten seien typische Erscheinungen fachsprachlicher Syntax.*

2.10 Stellung nehmen

Wie kann man seine eigene Position darlegen?

- eine Auffassung / Meinung / Position – teilen / unterstützen
- eine abweichende / eine ähnliche / eine andere / die gleiche / dieselbe – Auffassung / Meinung / Position – vertreten
- (nicht) begründet / berechtigt / einleuchtend / nachvollziehbar / plausibel / sinnvoll / überzeugend – sein / erscheinen
- fraglich – bleiben / erscheinen / sein
- meines / unseres – Erachtens (m.E. / u.E.)
- etwas kritisch sehen
- problematisch sein / (als) problematisch erscheinen
- etwas als problematisch – beurteilen / bewerten
- mit Recht
- für / gegen – etwas sprechen
- zu Unrecht

90   2. Formulierungsmuster

Beispiele:

„*Die Autoren* **vertreten eine andere Auffassung** *vom Umfang der Phraseologie, als ich sie hier favorisiere: [...].*" (Burger 2003, 35)

Das abschlägige Urteil der Kommission **erscheint berechtigt**, *bedenkt man allein den hohen finanziellen Aufwand, den das Projekt gefordert hätte.*

Wie der Verfasser **mit Recht** *kritisiert,* **sind** *viele Definitionen des Begriffs* „*Fachsprache*" **nicht überzeugend**, *da sie die Begriffe* „*Fach*" *und* „*fachlich*" *ohne vorherige Bestimmung einbeziehen.*

„*Die Abgrenzung zwischen der auf Kontiguität basierenden impliziten Wiederaufnahme und der Isotopie* **erscheint** *mir* **problematisch.**" (Janich 1999, 129)

Auch die begrifflich suggerierte Homogenität einer gemeinsprachlich kommunizierenden Sprachgemeinschaft **ist als problematisch zu beurteilen**.

Bei diesem Textsortenmodell **ist** *jedoch* **fraglich**, *ob Aufklärungstexte nicht treffender dem Bereich der Praxis zuzuordnen wären.*

„*[Die] Erläuterungen an späterer Stelle z.B. zum Unterschied zwischen Bildern und Graphiken* **sind nicht** *ganz* **einleuchtend** *[...].*" (Janich 1999, 195)

Die genannten Argumente **sprechen m.E. gegen** *eine weitere Verlagerung von Unterrichtsinhalten in den Nachmittag.*

Zu Unrecht *behauptet der Autor, die Familienförderung müsse stärker eingeschränkt werden.*

2.11 Erörtern

Wie kann man zu Gegenpositionen überleiten?

- aber
- allerdings
- auf der anderen Seite / andererseits
- demgegenüber
- doch / jedoch

- einwenden / einzuwenden sein
- gegenüber
- gleichwohl
- während
- zwar

Beispiele:
Auf der anderen Seite sollten Argumente der Kritiker nicht vernachlässigt, sondern konstruktiv in die Arbeit der Projektgruppe einbezogen werden.

„Demgegenüber gibt es eine wachsende Zahl von Rechtswissenschaftlern und Ökonomen, die die wettbewerbsföderale Struktur des US-amerikanischen Gesellschaftsrechts äußerst positiv beurteilen [...].“ (Heine 2003, 480)

„Gegenüber dieser optimistischen Einschätzung der Lösung des Rent-Seeking-Problems gibt es jedoch auch pessimistischere Szenarien.“ (Heine 2003, 477)

Zwar hat sich die Mehrheit der Abgeordneten für eine Weiterführung der Programme ausgesprochen, doch die erhofften konjunkturellen Effekte schätzen Wirtschaftswissenschaftler als gering ein.

2.12 Gewichten

Wie kann man wichtige und unwichtige Aspekte als solche kennzeichnen?

- mit Abstand
- von – geringer / großer / wesentlicher / herausragender – Bedeutung sein
- besonders / insbesondere
- in erster Linie
- etwas – geringe / große / wesentliche – Bedeutung beimessen
- entscheidende / erhebliche / große – Bedeutung zukommen
- etwas hervorheben

92   2. Formulierungsmuster

- im – Mittelpunkt / Vordergrund / Zentrum – stehen
- nicht nur… sondern (auch)
- (k)eine – große / wichtige / geringe / kleine / untergeordnete – Rolle spielen
- eine tragende Säule sein
- ein – geringer / großer / hoher / niedriger – Stellenwert zukommen
- zu vernachlässigen sein
- in vollem Umfang
- in den – Vordergrund / Hintergrund / Mittelpunkt – rücken / treten
- vorrangig / nachrangig – sein
- vor allem
- (keinen) – besonderen / großen – Wert legen auf

Beispiele:

*„Deshalb wird diese Technik **mit Abstand** am häufigsten zur Narkoseeinleitung benutzt.“* (Fuchs-Buder 2000, 108)

*„Im klinischen Alltag wird dem neuromuskulären Monitoring des M. adductor pollicis zur Bestimmung des optimalen Intubationszeitpunktes **wenig Bedeutung beigemessen**.“* (Sparr et al. 2000, 103).

*„Unter Notfallbedingungen sind die rechtzeitige Erkennung und Behandlung eines Spannungspneumothorax **von herausragender Bedeutung**.“* (von Wichert 2004, 553)

*„Dem mit 1,6-Dichlorfructose erhaltenen positiven Ames-Test-Ergebnis **kommt** […] angesichts der negativen Befunde, die mit relevanteren Testsystemen in vivo ermittelt wurden, **keine entscheidende Bedeutung zu**.“* (BgVV 1994, 3)

*In diesem Zusammenhang ist **besonders** der Einfluss des Luftwiderstandes zu berücksichtigen.*

*„**Hervorzuheben ist**, dass die innovationsstrategisch **besonders** aktiven Länder sich nicht nur auf neue technische Konzepte beschränken, sondern*

2.12 Gewichten   93

insbesondere auch innovative organisatorische Lösungen unter Einbeziehung preispolitischer Maßnahmen verfolgen." (Halbritter et al. 2005, 2)

*„Dass die Schwäne **nicht nur** trunken, **sondern** „trunken von Küssen" heißen, darf im poetologischen Kontext wohl so verstanden werden, dass die Begeisterung der Dichter aus einem Gefühl der [...] rauschhaften Verbundenheit mit allem Dasein kommt [...]."* (Schmidt 1984, 263)

*„Ursächlich für das Auftreten von Myokardischämien [...] sind strukturelle und funktionelle Veränderungen der Koronargefäße. Hierbei **spielen** die Mediahypertrophie und die endotheliale Dysfunktion insbesondere im Bereich der Mikrozirkulation **eine entscheidende Rolle**."* (Hagert/Teichmann 2001, 259)

*Seit mehreren Jahrzehnten **ist** der Tourismus **eine tragende Säule** der regionalen Wirtschaft.*

*„Bei diesen Patienten **kommt** dem Erhalt des Sinusrhythmus **ein hoher Stellenwert zu**."* (Schumacher et al. 2004, 814)

*In aktuellen Werbekonzepten **stehen** assoziative und emotionalisierende Strategien **im Vordergrund**, während sachlich-argumentative Strategien mehr und mehr **in den Hintergrund treten**.*

*„Die bei extremen Lagerungsbedingungen von TGS-gesüßten Lebensmitteln durch saure Hydrolyse entstehende Menge an 6-Chlorfructose **ist zu vernachlässigen**."* (BgVV 1994, 2)

*Die nachhaltige Mobilisierung von Kindern und Jugendlichen **ist** das **vorrangige** Ziel der Kampagne.*

*„Trichlorogalactosucrose ist in zahlreichen Studien auf technologische Eigenschaften und **vor allem** auf gesundheitliche Unbedenklichkeit geprüft worden."* (BgVV 1994, 1)

*Bei diesem Produktionsschritt muss **besonderer Wert auf** die Reinheit der Materialien **gelegt werden**.*

94   2. Formulierungsmuster

2.13 Beziehungen kennzeichnen

Wie kann man ausdrücken, in welcher Beziehung Sachverhalte zueinander stehen?

1) die **Grundlage** bilden:
– Ausgangspunkt sein für
– den Ausgangspunkt bilden für
– die Basis – bilden / sein – für
– den Boden bereiten für
– auf Grundlage – von / (+Genitiv)
– die Grundlage – bilden / sein – für
– grundlegend sein für
– zugrunde liegen

2) das **Mittel**, durch das etwas erreicht wird:
– anhand von
– durch
– mit Hilfe (von)
– mittels

3) (allgemeine) **Beteiligung**:
– in Beziehung zu etwas stehen
– in Bezug auf
– mit etwas in Verbindung stehen
– miteinander / mit etwas – verbunden sein
– im Zusammenhang (stehen) mit

4) **Teile** größerer Zusammenhänge:
– Bestandteil von etwas sein
– in etwas – eingebunden / integriert – sein
– im Rahmen – von / (+Genitiv)

5) **Folge**:
– sich aus etwas ableiten (lassen)
– sich aus etwas ergeben
– das / ein – Ergebnis / Resultat – (von etwas) sein
– etwas zur Folge haben

2.13 Beziehungen kennzeichnen **95**

- sich als – Folge / Konsequenz – ergeben
- die / eine – Folge / Konsequenz – (von etwas) sein
- aus etwas folgen
- zu etwas führen
- etwas zur Konsequenz haben
- etwas nach sich ziehen
- aus etwas resultieren

6) **Abgrenzung**:
- abgrenzen – von / voneinander
- differenzieren
- unterscheiden (zwischen)

Beispiele:

1.

*„Aufgrund der Neuartigkeit dieser Ansprüche an die stadträumliche Planung **bildet** eine Darstellung der Ursachen, Einflussfaktoren sowie Auswirkungen von Schrumpfungstendenzen **die Basis für** die Ableitung eines kommunalen Handlungsleitfadens [...]."* (Ringel/Weidner 2006, 2)

*„Damit **liegt** dem Gedicht deutlich eine triadische Geschichtsvorstellung **zugrunde**, deren romantischer Symbolismus auf archaisches und antikes Erbe deutet [...]."* (Frühwald 1984, 274)

2.

*„Die Föderalismustheorie hat eine Reihe von Kriterien entwickelt, **mit deren Hilfe** angegeben werden kann, auf welcher Gebietskörperschaftsebene eine staatliche Kompetenz angesiedelt werden sollte."* (Heine 2003, 482)

3.

*„Am Rande sei **im Zusammenhang mit** den Überlegungen zur Ökonomie noch darauf aufmerksam gemacht, dass durch die KW im Wortschatz [...] Dubletten geschaffen werden."* (Kobler-Trill 1994, 189)

4.

*„**Im Rahmen** des SHOCK-Trial-Registry wurden Formen des nicht-hypotensiven kardiogenen Schocks [...] beschrieben [...]."* (Prondzinsky et al. 2004, 284)

96   2. Formulierungsmuster

5.

*„**Daraus folgt**, dass bei der Rechtsproduktion bzw. -anwendung eine Fix-kostendegression vorliegt und größere Jurisdiktionen kostengünstiger Recht produzieren können."* (Heine 2003, 476)

*„Die hohe Konsistenz der in Europa vorfindbaren Gesellschaftsrechte **hat** im Unterschied zu den USA **zur Konsequenz**, dass einzelne Elemente eines nationalen Gesellschaftsrechts nicht ohne weiteres im institutionellen Wettbewerbsprozess gegen Elemente eines anderen Gesellschaftsrechts ausgetauscht werden können [...]."* (Heine 2003, 481)

*„Aus dem geschilderten Konsistenzproblem **ergeben sich** für den Wettbewerbsföderalismus im Bereich rechtlicher Regeln weit reichende theoretische und empirische **Konsequenzen** [...]. So **führt** das Konsistenzproblem **zu** einer Pfadabhängigkeit der Rechtsentwicklung und möglicherweise zu einer Minderung der Wettbewerbsintensität. Aus normativer Perspektive **hat** das **zur Folge**, dass es nicht mehr möglich ist, [... auf...] zu schließen."* (Heine 2003, 482)

6.

*„Bei Vorhofflimmern können zwei Ablationsstrategien **voneinander abgegrenzt** werden: [...]."* (Schumacher et al. 2004, 818)

*„**Unterschieden wird** jeweils **zwischen** der Wahrscheinlichkeit, entsprechende Leistungen überhaupt in Anspruch genommen zu haben, und der bedingten Zahl dieser Leistungen [...]."* (Leu/Schellhorn 2008, 4)

2.14 Begründen

Wie gibt man Gründe / Ursachen für etwas an?

– aufgrund von
– da / daher / deshalb
– bedingt sein durch
– dank (+Genitiv)
– aus Gründen (+Genitiv)
– der Grund / die Ursache – sein für
– ursächlich / verantwortlich – sein für

2.14 Begründen **97**

- als – Grund / Ursache – nennen / anführen
- Gründe / Ursachen – liegen in / sind zu suchen in
- eine / ihre / seine – Ursache haben in
- für etwas den Ausschlag geben
- für etwas ausschlaggebend sein
- etwas mit etwas – begründen / erklären
- in etwas begründet liegen
- etwas für etwas verantwortlich machen
- durch etwas – erklärbar / verursacht – sein
- durch / mit – etwas – zu erklären / zu begründen – sein
- durch etwas – angeregt / bedingt / begünstigt – sein / werden
- etwas als – Ursache / ursächlich – annehmen / ansehen
- wegen
- weil
- auf etwas zurückzuführen sein
- mit etwas in Zusammenhang stehen
- mit etwas zusammenhängen

Beispiele:

*Ausgefeilte Controllingsysteme und intensive Auslandsaktivitäten sind **als Gründe für** die erfolgreiche Positionierung des Unternehmens auf dem europäischen Markt **anzuführen**.*

*„**Ein** möglicher **Grund** für die divergierenden Ergebnisse könnte **darin liegen**, dass die verschiedenen Studien unterschiedliche Daten verwenden (Survey- vs. Krankenkassendaten)."* (Leu/Schellhorn 2008, 3)

*„Glatzel **begründet** diese Aussage **damit, dass** [...]."* (Eschenhagen et al. 1985, 136)

*Die gesteigerte Sehnsucht nach „innerer Ruhe" **ist die Ursache für** Brentanos radikale Abkehr von weltlicher Dichtung nach 1817.*

*„Bei Wortgruppen **hat** diese Tendenz **eine Ursache in** der Univerbierung, das heißt, dass Wortgruppen nicht nur inhaltsseitig, sondern durch Kürzung auch ausdrucksseitig den Charakter eines Wortes annehmen."* (Greule 1996, 195)

98   2. Formulierungsmuster

*Der Verlauf der Vaskularisierung kann **dank** neuer bildgebender Verfahren heute genauer beschrieben werden.*

*Die Freisetzung von Protonen im Verlauf der Reaktion **ist verantwortlich für** die Entfärbung von Methylenblau.*

*Die Erhöhung der Mehrwertsteuer zu Beginn des Jahres 2007 wird **als ursächlich für** die verhaltene Binnennachfrage **angesehen**.*

*Für die Mehrzahl der Fälle wird heute eine Bakterieninfektion mit Helicobacter pylori **als Ursache für** die Entstehung einer Gastritis **angenommen**.*

*„Für den überwiegenden Teil der COPD Fälle sind jedoch erworbene Risikofaktoren **verantwortlich zu machen**, wobei hier das inhalative Zigarettenrauchen eindeutig dominiert."* (Schulz et al. 2004, 12)

*„Der Großteil der beobachteten Reduktion in der Anzahl der Arztbesuche bei Versicherten mit höheren Selbstbehalten **ist durch** Selbstselektion **zu erklären**."* (Leu/Schellhorn 2008, 2)

*„Die toxikologische Bewertung dieses neuen Süßstoffs erfordert auch **deshalb** besondere Aufmerksamkeit, **weil** es sich um eine chlorierte Verbindung handelt. Strukturähnliche Verbindungen sind in der Vergangenheit durch Antifertilitätswirkung aufgefallen und **wegen** neurotoxischer Wirkungen nicht weiter entwickelt worden."* (BgVV 1994, 2)

2.15 Erläutern

Wie leitet man genauere Erläuterungen ein?

– folgend(-e/-er/-es) / folgendermaßen
– wie folgt
– das heißt (d.h.)
– so
– will heißen
– und zwar

Beispiele:

*Im beschriebenen Fall liegt **folgende** rechtliche Situation vor: Da beide Partner das 16. Lebensjahr vollendet haben, gilt das Recht auf sexuelle Selbstbestimmung. Ein Straftatbestand ist daher nicht gegeben.*

*„Die Elektroden wurden nach Vorbereitung der Haut (Rasur, Entfettung mittels Alkohol) **wie folgt** angelegt: Ableitung 1: negative Elektrode rechts über Manubrium sterni, positive Elektrode über der fünften Rippe links in der Medioklavikularlinie."* (Hagert/Teichmann 2001, 257)

*„Wichtig ist nun, alle derartigen sozial differenzierenden Merkmale kreativ und individuell zu verwenden, **d.h.** als zeichenhafte Merkmale innerhalb einer individuell komponierten Stilstruktur. **So** zeigt Holly [...], wie der „linke" Journalist Wiglaf Droste [...]."* (Sandig 2006, 163)

2.16 Exemplifizieren

Wie kann man Beispiele anführen?

- nicht – abschließend / erschöpfend
- nicht abgeschlossen sein
- und Ähnliche(s) (u.Ä.)*
- unter – anderem / anderen (u.a.)
- und andere(s) mehr (u.a.m.)*
- und viele(s) mehr (u.v.m.)*
- keinen Anspruch auf – Vollständigkeit / Vollzähligkeit – erheben
- ein Beispiel / ein Exempel – sein für
- (so / wie) zum Beispiel (z.B.)
- etwas beispielhaft / exemplarisch – anführen / nennen
- beispielhaft / exemplarisch – für etwas stehen
- beispielsweise
- et cetera (etc.)*
- um nur einige zu nennen
- sich fortsetzen lassen
- nicht – vollständig / vollzählig – sein
- und so weiter (usw.)*
- wie… / wie z.B. …

* am Ende von Aufzählungen

100 2. Formulierungsmuster

Beispiele:

*„Der hier präsentierte Kriterienkatalog ist sicherlich **nicht abschließend**. So könnten **beispielsweise** Erkenntnisse der Transaktionskostenökonomik weitere Anhaltspunkte dafür geben, auf welcher jurisdiktionellen Ebene eine Regulierungskompetenz angesiedelt werden sollte.* " (Heine 2003, 478)

*„Das strategische Planungsinstrument „nationale IST-Architektur" der USA **ist ein Beispiel für** die leitbildorientierte Vorgehensweise bei der Einführung neuer Techniken [...].* " (Halbritter et al. 2005, 6)

*„[...] so rücken die Unterschiede in den therapeutischen Konzepten der intensivmedizinischen Versorgung (Volumentherapie, Beatmungstherapie, Ernährungstherapie **u.v.m.**) und der Prähospitalphase in den Vordergrund.* " (Kretz 2001, 432)

*„Bei multiplen Risikofaktoren **wie z.B.** Koronare Herzkrankheit, Hypertonie, Diabetes mellitus, Vorhofflimmern **etc.**, ist die primäre Ursache der Herzinsuffizienz retrospektiv oft schwierig zu ergründen.* " (Ebner 2004, 9)

*„Unisegmentale Buchstaben- oder Lautkürzwörter ohne irgendein weiteres Element, **z.B.** eine Zahl **wie** in A3, sind eine absolute Rarität.* " (Greule 1996, 198).

2.17 Wieder aufgreifen

Wie knüpft man an bereits Gesagtes an?

- anknüpfen an
- etwas aufgreifen
- oben angeführt (o.a.)
- vorangegangen / vorausgegangen
- wie – bereits / eingangs / in Kapitel X / oben / zuvor – angedeutet / angeführt / ausgeführt / beschrieben / dargestellt / dargelegt / erwähnt / erläutert / gezeigt…

2.18 Ergebnisse darstellen **101**

Beispiele:

*„**Wie bereits** beim Ursprungslandprinzip für Produktregulierungen **angedeutet**, gehen die Meinungen hierüber auseinander."* (Heine 2003, 474)

***Anknüpfend an** die **vorangegangenen** Überlegungen stellt sich damit die Frage nach dem generellen Wert dieser therapeutischen Maßnahme.*

*Über die Deutung der Gartenmetaphorik **wird** zugleich die eingangs gestellte Frage nach der pädagogischen Programmatik des Romans **aufgegriffen**.*

*Es zeigte sich, dass für diesen Einsatzbereich die **o.a.** Nachteile des Werkstoffs zu vernachlässigen sind.*

*„Dieses Kriterium war, **wie eingangs erwähnt**, bestimmend für die Durchführung der vorliegenden Studie und führte auch zur Auswahl der analysierten Länder und Projekte."* (Halbritter et al. 2005, 5)

2.18 Ergebnisse darstellen

Wie stellt man die gewonnenen Erkenntnisse dar?

– ableiten / schlussfolgern (können)
– eine – Annahme / These / Vermutung – bestätigen / widerlegen
– Anhaltspunkte für etwas – geben / liefern
– Daten / Ergebnisse / Studien – belegen / bestätigen / deuten auf…hin / legen nahe / sprechen für / sprechen gegen / verdeutlichen / weisen nach / zeigen…
– zu einem Ergebnis kommen
– eine Erkenntnis – ableiten / gewinnen
– sich als…erweisen
– etwas feststellen / eine Feststellung treffen
– eine Frage klären
– auf etwas – hinweisen / hindeuten
– nachweisen / den Nachweis erbringen
– den Schluss nahe legen
– nach einer – Studie / Fallstudie / Erhebung / Befragung / Untersuchung (von)
– sich zeigen

102   2. Formulierungsmuster

Beispiele:

*„Der unterschiedliche Geschäftserfolg der beiden Systeme **bestätigt die These**, dass eine aufwändige technische Ausstattung keineswegs ein Garant für Marktakzeptanz ist."* (Halbritter et al. 2005, 5)

*„Die verfügbaren **Daten zeigen** alle, dass Versicherte mit einer höheren Wahlfranchise in geringerem Umfang medizinische Leistungen in Anspruch nehmen."* (Leu/Schellhorn 2008, 2)

*„In einer multizentrischen, randomisierten Studie […] **kamen** Dorn et al. **zu dem Ergebnis**, dass […]."* (Jeschke/Zeilberger 2000, 1378)

*„Aus diesen Einflussgrößen lässt sich **die Erkenntnis ableiten**, dass die Städte […] im Rahmen ihrer Planungshoheit gefordert sind."* (Ringel/Weidner 2006, 3)

*Die noch zu Beginn der 80er Jahre verbreiteten Bildungsideale **erweisen sich** vor dem Hintergrund der aktuellen Befragung **als** nicht mehr zeitgemäß.*

*„Über die Anzahl der ausgewählten Segmente lässt sich allerdings **eine** begründete **Feststellung treffen**: Meist werden zwei bis drei Segmente selegiert […]."* (Greule 1996, 197)

*Die Ergebnisse der PISA-Studie **weisen auf** einen engen Zusammenhang zwischen der sozialen Herkunft und den Bildungschancen **hin**.*

*„Die Resultate […] **legen den Schluss nahe**, dass die Wahlmöglichkeiten bezüglich der Franchise keinen starken Einfluss auf das Patientenverhalten haben."* (Leu/Schellhorn 2008, 2)

*Mehrere **Studien belegen** die positiven Effekte der individuellen Bezugsnormorientierung auf die Motivation der Schüler.*

*„**Nach Untersuchungen von** Lutzmann (1977) und Kluge (1981) wird der weitaus überwiegende Teil der Sexualerziehung an der Schule von Biologielehrern bestritten."* (Eschenhagen et al. 1985, 146)

__Es zeigt sich__, dass mit einer Verstärkung der unerwünschten Nebenwirkungen bei oraler Applikation nicht gerechnet werden muss.

2.19 Lösungen aufzeigen

Wie stellt man Lösungsmöglichkeiten oder Alternativen dar?

- eine – Lösung / Alternative / ein(en) Ausweg – sein / darstellen
- sich als – Lösung / Ausweg / Alternative – anbieten
- ein – denkbarer / gangbarer – Weg (sein)
- in Frage kommen

Beispiele:

*„**Als Ausweg bietet sich an**, die herkömmliche Konzeption mit den neueren Vorschlägen zu verknüpfen."* (Eschenhagen et al. 1985, 136)

*„Um die zweifelsfrei vorhandenen Selektionseffekte, die mit der Wahlmöglichkeit verbunden sind, zu verringern, **wäre** eine Verlagerung der Bindungsdauer an den gewählten Selbstbehalt **ein gangbarer Weg**."* (Leu/Schellhorn 2008, 3)

*„Hierbei **kommt** auch eine Entlassung des Patienten in ambulante Betreuung **in Frage** […]."* (von Wichert 2004, 552)

2.20 Resümieren

Wie leitet man ein (Zwischen-)Fazit ein?

- abschließend
- (eine) Bilanz / ein Fazit – ziehen
- etwas festhalten
- insgesamt
- zusammenfassen / zusammenfassend

Beispiele:

*„**Abschließend** ist darauf hinzuweisen, dass die noch vor wenigen Jahren erhofften revolutionären Durchbrüche bezüglich einer Effizienzsteigerung*

104   2. Formulierungsmuster

des Verkehrssystems durch den Einsatz der Verkehrstelematik bisher nicht eingetreten sind." (Halbritter et al. 2005, 6)

Nach Abschluss des vierwöchigen Beobachtungszeitraumes kann folgendes **Fazit gezogen werden***:*

„*Es bleibt* **festzuhalten***: Stil bezieht sich auf verschiedene Aspekte kommunikativen Handelns – und zwar je nach Fall […] in unterschiedlicher Gewichtung.*" (Sandig 2006, 22)

„**Insgesamt** *gesehen erscheint eine mutagene Wirkung von Sucralose für den Menschen hinreichend ausgeschlossen und eine weitere Genotoxizitätsprüfung zur Zeit nicht erforderlich.*" (BgVV 1994, 3)

„*Das Gedicht* Hälfte des Lebens, *so lässt sich* **zusammenfassend** *sagen, bringt in einer relativ leicht zugänglichen Symbolschicht die im Titel benannte allgemeine Lebenskrise zum Ausdruck, in einer anderen, esoterischen Schicht spricht es aber vom Dichter.*" (Schmidt 1984, 266)

Literaturverzeichnis

BGVV = Bundesinstitut für gesundheitlichen Verbraucherschutz und Veterinärmedizin (Hrsg., 1994): Süßstoff Sucralose (Trichlorogalactosucrose – TGS). Stellungnahme des BgVV vom 12.12.1994. Im Internet: http://www.bfr.bund.de/cm/208/suessstoff_sucralose_trichlorogalactosucrose_tgs.pdf (24.06.2008).

Bünting, K.-D. / Bitterlich, A. / Pospiech, U. (2002): Schreiben im Studium. Ein Leitfaden. 6. Auflage. Berlin: Cornelsen Scriptor.

Burger, H. (2003): Phraseologie. Eine Einführung am Beispiel des Deutschen. 2., überarbeitete Auflage. Berlin: Erich Schmidt.

Duhme, M. (1991): Phraseologie der deutschen Wirtschaftssprache. Eine empirische Untersuchung zur Verwendung von Phraseologismen in journalistischen Fachtexten. Essen: Die blaue Eule.

Busley, R. / Blobner, M. / Kochs, E. (2000): Rapacuronium: Ein neues nicht-depolarisierendes Muskelrelaxans zur Ileuseinleitung? In: Anästhesiologie Intensivmedizin Notfallmedizin Schmerztherapie 35, H. 2, S. 112-114.

Ebner, Ch. (2004): Therapie beim Hypertoniker mit Herzinsuffizienz. In: Wiener Medizinische Wochenschrift 154, H. 1-2, S. 8-14.

Ehlich, K. (1995): Die Lehre der deutschen Wissenschaftssprache: sprachliche Strukturen, didaktische Desiderate. In: Linguistik der Wissenschaftssprache. Hrsg. v. H. Kretzenbacher / H. Weinrich. Berlin, New York: de Gruyter (Akademie der Wissenschaften zu Berlin, Forschungsbericht 10), S. 325-351.

Eschenhagen, D. / Kattmann, U. / Rodi, D. (1985): Fachdidaktik Biologie. Köln: Aulis.

Fleischer, W. (1997): Phraseologie der deutschen Gegenwartssprache. 2., durchgesehene und ergänzte Auflage. Tübingen: Niemeyer.

Frühwald, W. (1984): Die artistische Konstruktion des Volkstones. Zu Clemens Brentanos *Der Spinnerin Nachtlied*. In: Gedichte und Interpretationen. Band 3: Klassik und Romantik. Hrsg. v. W. Segebrecht. Stuttgart: Reclam, S. 269-279.

Fluck, H.-R. (1996): Fachsprachen. Einführung und Bibliographie. 5., überarbeitete und erweiterte Auflage. Tübingen, Basel: Francke.

Fuchs-Buder, T. (2000): Intubation ohne Muskelrelaxanzien: Möglichkeiten und Grenzen. In: Anästhesiologie Intensivmedizin Notfallmedizin Schmerztherapie 35, H. 2, S. 106-108.

106 Literaturverzeichnis

Greule, A. (1996): Reduktion als Wortbildungsprozess der deutschen Sprache. In: Muttersprache 106, H. 3, S. 193-203.

Hagert, D. / Teichmann, W. (2001): Myokardischämien bei Hypertonikern. In: Medizinische Klinik 96, H. 5, S. 256-260.

Halbritter, G. / Fleischer, T. / Kupsch, Ch. (2008): Nationale Innovationsstrategien – Erwartungen und Realisierungen im Bereich der Verkehrstelematik. Im Internet: http://www.itas.fzk.de/tatup/053/haua05a. htm (24.06.2008).

Heine, K. (2003): Kompetitiver Föderalismus auch für das öffentliche Gut „Recht"? In: Vierteljahrshefte zur Wirtschaftsforschung 72, H. 3, S. 477-484.

Heinrichs, W. (1992): Schock. In: Notfall- und Intensivmedizin. Hrsg. v. W. Dick. Berlin, New York: de Gruyter.

Huber, K. / Andreesen, R. (2000): Hemmung der Thrombozytenaggregation als therapeutisches Prinzip. In: Der Internist 41, Suppl. 1, S. S34-S39.

Hübler, M. / Albrecht, D. M. (2000): Einfluss von Lokalanästhetika auf die Blutgerinnung. In : Der Anästhesist 49, H. 10, S. 905-906.

Janich, N. (1999): Werbesprache. Ein Arbeitsbuch. Tübingen: Narr.

Jeschke, D. / Zeilberger, K. (2000): Körperliches Training bei koronarer Herzkrankheit. In: Der Internist 41, H. 12, S. 1374-1381.

Kattmann, U. (2005): Lernen mit anthropomorphen Vorstellungen? – Ergebnisse von Untersuchungen zur Didaktischen Rekonstruktion in der Biologie. Zeitschrift für Didaktik der Naturwissenschaften 11, S. 165-174.

Keller, R. (2003): Sprachwandel. Berlin: de Gruyter.

Kobler-Trill, D. (1994): Das Kurzwort im Deutschen. Eine Untersuchung zu Definition, Typologie und Entwicklung. Tübingen: Niemeyer.

Kornmeyer, M. (2009): Wissenschaftlich schreiben leicht gemacht. 2. Auflage. Bern, Stuttgart, Wien u.a.: Haupt UTB.

Kretz, F.-J. (2001): Maskennarkoseeinleitung in der Kinderanästhesie: Pro. In: Anästhesiologie Intensivmedizin Notfallmedizin Schmerztherapie 36, H. 7, S. 431-433.

Krier, C. / Kienzle, F. (2000): Über die Schwierigkeiten der Prognoseermittlung nach Schädel-Hirn-Trauma. In: Anästhesiologie Intensivmedizin Notfallmedizin Schmerztherapie 35, H. 1, S. 63-66.

Kühtz, St. (2007): Phraseologie und Formulierungsmuster in medizinischen Texten. Tübingen: Narr.

Kundrus, B. / Strotbek, H. (2006): „Genozid". Grenzen und Möglichkeiten eines Forschungsbegriffs – ein Literaturbericht. In: Neue Politische Literatur 51, H. 2-3, S. 397-423.

Literaturverzeichnis **107**

Leu, R. E. / Schellhorn, M. (2008): Auswirkungen des KVG auf die Versicherten (NFP 45, Projekt Nr. 4045-059744/1): Ausgewählte Resultate. Im Internet: http://www.sozialstaat.ch/global/projects/results/leu_kurzfassung.pdf (21.06.2008).

Obermayr, R. P. / Tragl, K. H. (2004): Spezifische Aspekte der Hochdruckbehandlung beim alten Menschen. In: Wiener Medizinische Wochenschrift 154, H. 1-2, S. 15-19.

Pohl, I. (2005): Lexikologie und Textlinguistik. In: Lexikologie. Hrsg. v. D. A. Cruse / F. Hundsnurscher / M. Job u.a. Berlin: de Gruyter, S. 1860-1868.

Prondzinsky, R. / Werdan, K. / Buerke, M. (2004): Kardiogener Schock. Pathomechanismen, klinischer Verlauf, therapeutische Ansätze und Perspektiven. In: Der Internist 45, H. 3, S. 284-295.

Ringel, J. / Weidner, S. (2006): Integriertes Vorgehen als Strategie zur Bewältigung der Stadtumbauaufgaben. Im Internet: http://www.kas.de/upload/kommunalpolitik/veroeffentlichungen/diskurs2006/Diskurs_kommunal_2006_31_Ringel.pdf (21.06.2008; erschienen 2006).

Roelcke, T. (1991): Das Eineindeutigkeitspostulat der lexikalischen Fachsprachensemantik. In: Zeitschrift für Germanistische Linguistik 19, S. 194-208.

Rossig, W. / Prätsch, J. (2002): Wissenschaftliche Arbeiten. Ein Leitfaden für Haus-, Seminar-, Examens- und Diplomarbeiten sowie Präsentationen. 4. Auflage. Bremen: Wolfdruck.

Sandig, B. (2006): Textstilistik des Deutschen. 2., völlig neu bearbeitete und erweiterte Auflage. Berlin: de Gruyter.

Sandig, B. (2007): Stilistische Funktionen von Phrasemen. In: Phraseologie. Hrsg. v. H. Burger / D. Dobrovol'skij / P. Kühn u.a. Berlin: de Gruyter, S. 158-175.

Schmidkunz, H. / Lindemann, H. (2003): Das forschend-entwickelnde Unterrichtsverfahren: Problemlösen im naturwissenschaftlichen Unterricht. 6. Auflage. Hohenwarsleben: Westarp Wissenschaften.

Schmidt, J. (1984): „Sobria ebrietas". Hölderlins *Hälfte des Lebens*. In: Gedichte und Interpretationen. Band 3: Klassik und Romantik. Hrsg. v. W. Segebrecht. Stuttgart: Reclam, S. 257-267.

Schulz, Ch. / Wolf, K. / Pfeifer, M. (2004): Bedeutung des Bronchialepithels bei der chronisch obstruktiven Lungenerkrankung. In: Versicherungsmedizin 56, H. 1, S. 11-16.

Schumacher, B. / Neuser, H. / Schneider, M. u.a. (2004): Katheterablation bei Vorhofflimmern: Welche Patienten kommen in Frage? In: Deutsche Medizinische Wochenschrift 129, H. 15, S. 814-819.

108 Literaturverzeichnis

Sparr, H.-J. (2000): Einfluss von Anästhesie und Muskelrelaxierung auf die Intubationsbedingungen. In: Anästhesiologie Intensivmedizin Notfallmedizin Schmerztherapie 35, H. 2, S. 102-104.

Spinner, K. H. (2000): Szenisches Vortragen von Gedichten. In: Deutschunterricht. Zugang zu den Lernenden finden. Hrsg. v. C. Ensberg / T. Diegritz / M. Hübner u.a. Braunschweig: Westermann, S. 101-113.

Steets, A. (2003): Wissenschaftspropädeutik in der Oberstufe: Die Facharbeit. In: Der Deutschunterricht 55, H. 3, S. 58-70.

Thole, H. / Kroegel, C. / Bassler, D. u.a. (2004): Das Leitlinien-Clearingverfahren Asthma bronchiale - 2. Empfehlungen zu Eckpunkten für eine nationale Leitlinie Asthma bronchiale. In: Pneumologie 58, H. 3, S. 165-175.

Wehner, R. / Gehring, W. (1995): Zoologie. Stuttgart, New York: Thieme.

Weilemann, L. S. (2000): Primäre und sekundäre Giftelimination. In: Der Internist 41, H. 10, S. 1071-1076.

von Wichert, P. (2004): Pneumothorax. In: Der Internist 45, H. 5, S. 549-554.

Ziegenfuß, T. (2000): Der Einfluss von Hypnotika auf die Intubationsbedingungen und den Wirkungseintritt von Muskelrelaxanzien. In: Anästhesiologie Intensivmedizin Notfallmedizin Schmerztherapie 35, H. 2, S. 105-106.

Register

Agens 28
Amtssprache 28
Angleichung, grammatische 64f.
Anthropomorphismus 35ff.
Auslassung (im Zitat) 63

Bewertung 14, 24, 29
Binnen-I 26

Demonstrativpronomen 51, 53
Diagramm 39f.
Doppelform 25f.

Eindeutigkeit 14, 34, 53
Einleitung 67

Fachbegriff / Fachbezeichnung / Fachter-
minus / Fachwort 14, 16ff., 31
Femininum 25
Formel, mathematische 40
Fremdwort 16, 17ff.

Gegenwartsform s. Präsens
Genitiv 54f.
Geschlecht 25ff.
Gleichung, mathematische 40
Gradangabe 22
Grafik 40

Hauptsatz 42
Hauptthema 15, 67f.
Hervorhebung (im Zitat) 65f.
Hypothesenbildung 22

Ich-Umschreibung 28
Ich-Verbot 29
Indikativ 62
Inhaltsangabe 30

Kapitelüberschrift 14, 66ff.
Kasus 64

Kommentar s. Textkommentar
Konjunktion 43ff.
Konjunktiv 62
Konnotation 24
Korrektheit 14
Kürze 15f.
Kurzform 26

Lesbarkeit 18, 25, 39, 65
Literaturverzeichnis 26, 60

Maskulinum, generisches 25f.
Mengenangabe 22
Metapher 31ff.

Nachkommastelle 38f.
Nachprüfbarkeit 23f.
Nebenthema 15, 67
Neutralität 24
Nomen 28, 53
Nominalisierung 28
Nominalstil 28

Objektivität 13f.

Partizipialgruppen 56f.
Passiv, deagentivierendes 28, 38
Personalpronomen 51f.
Possessivpronomen 51
Prädikat 37
Präfix 55
Prägnanz 15f.
Präposition 48ff.
Präsens 30
Präteritum 30
Präzision 14ff., 38f.
Pronomen 28, 50ff.
Pronominalisierung 52f.

Quellenangabe 15, 60ff.

110 Register

Rechtschreibfehler (im Zitat) 66
Rechtschreibreform 66
Redewendung 31
Relativpronomen 50f.
Relativsatz 50ff.

Sachbezogenheit / Sachlichkeit 13f., 24
Satzbau 40ff., 57f.
Satzschlusszeichen (im Zitat) 62
Spekulation 22, 24
Sprachbild s. Metapher
Stil (wissenschaftlicher) 17, 33f., 42
Subjekt 37
Subjektivität 14, 23f.
Subjektschub 37f.
Symbol 39f.
Syntax s. Satzbau

Tabelle 39
Tempus 30f.
Textkommentar 29, 58, 69
Themenformulierung 15, 66f.
Titel 66ff.

Überschrift 66ff.
Ungenauigkeit 22f.
Untertitel 68f.

Verb 29, 38, 55ff., 77, 85
Vergangenheitsform 30
Vermutung 14
Verständlichkeit 16, 18, 33
Vorwort 26, 67
Vorzeitigkeit 30

Wiederaufnahme, umschreibende 52
Wiederaufnahme, wörtliche 52
Wortstellung 57f., 64, 65
Wortwahl 14, 24

Zahl 38f.
Zeitform s. Tempus
Zielsetzung 15
Ziffer 38
Zitat 58ff.
Zitatstellenbeleg 60ff.
Zusammenfassung 61
Zwischenüberschrift 70